The Stock Market Barometer

股市晴雨表

（专业解读版）

[美] 威廉·彼得·汉密尔顿（William Peter Hamilton） 著
张艺博 译

人民邮电出版社
POSTS & TELECOM PRESS

图书在版编目（CIP）数据

股市晴雨表：专业解读版／（美）汉密尔顿（Hamilton，W. P.）著；张艺博译．—北京：人民邮电出版社，2014. 11（2024. 6 重印）

ISBN 978-7-115-36989-5

Ⅰ. ①股…　Ⅱ. ①汉… ②张…　Ⅲ. ①股票市场—研究　Ⅳ. ①F830. 91

中国版本图书馆 CIP 数据核字（2014）第 204390 号

内容提要

本书是系统阐述道氏理论的第一部重要著作。作为《华尔街日报》的资深编辑，汉密尔顿对于查尔斯·道发表的系列文章详加梳理，从中总结出了一套预测股票市场基本走势的工具和方法，将之命名为“股市晴雨表”。作者还在书中对经济周期、公司内幕消息、股票操控和政府监管等因素对于股市走势的影响逐一解读，使读者可以看到，在牛市、熊市以及牛熊转换期间，各种力量的博弈和影响。

此外，本书特别邀请了《证券市场红周刊》的资深专栏作家做注点评，使读者可以穿越百年时空，更好地领悟书中的要点，并将其应用于当今国内 A 股市场。

本书是初入股市、希望了解股市运行基本规律的读者的必读书，也是道氏理论爱好者的必藏之作。

◆ 著　［美］威廉·彼得·汉密尔顿（William Peter Hamilton）
译　张艺博
责任编辑　王飞龙
责任印制　杨林杰

◆ 人民邮电出版社出版发行　北京市丰台区成寿寺路 11 号
邮编 100164　电子邮件 315@ptpress. com. cn
网址 http://www. ptpress. com. cn
北京七彩京通数码快印有限公司印刷

◆ 开本：700×1000　1/16
印张：16. 5　2014 年 11 月第 1 版
字数：145 千字　2024 年 6 月北京第 31 次印刷

定　价：49. 00 元

读者服务热线：（010）81055656　印装质量热线：（010）81055316

反盗版热线：（010）81055315

广告经营许可证：京东市监广登字20170147号

译者序

接到翻译《股市晴雨表》这本书的邀请时，我多少有些惶恐：其一，毕竟已经有那么多版本的经典译著问世，如果再译，能否抵达前人所企及的高度？如果不能有所突破，则做这件事的意义不大；其二，对于一本写于20世纪20年代的书来说，如今所能考证的东西已经很少甚至几乎没有了，比如原著中有些图表已经缺失，某些历史由于缺乏记录也已无从考证等，都是对试图有所创新和突破的译者的异常艰难的挑战；其三，重译不是某些经典剧的翻拍，需要夺人眼球的另类怪异，究其本意不过是想去伪存真，在过去译著的基础上进一步探寻"股市作为经济的晴雨表"这一论断，在历经百年之后是否仍是放之四海而皆准的真理，于今是否还有对经济生活的具体的指导意义，这才是译者最为关心的。

所以译者在尽量遵循原著的基础上，试图搞清楚威廉·彼得·汉密尔顿是如何将散落凌乱的道氏理论，按照他所理解的体系整理出来集结成册的；道氏理论在它所处的那个年代存在的意义和历史真相；汉密尔顿想要在本书中传递的到底是什么，对今天而言有什么借鉴意义；除去大段的引述查尔斯·道的原文来阐述道氏理论，汉密尔顿是如何从自己所理解的角度将客观事实综合起来，从而有理有据地将这一理论弘扬发展的。另外，译者还想试图阐述，当时的作者由于时代的局限有可能忽略了什么；道氏理论在多大程度上能适应中国当今的A股市场；这些原则及原理在经过了差不多一个世纪的时过境迁之后，是不是还有其应用的市场。这一系列问题的答案，都会随着本书的再次被重译和本人的点评而尽量向读者呈现。

在当今国人公认的为数不多的几个大师中，查尔斯·道应该算是开天辟地阐述指数和经济关系最透彻的一个。他深谙矛盾论中一般与特殊的辩证关系，开辟了以成分股所组成的指数来研判整个股票市场走势的方法。他是技术分析的鼻祖，所有的分析都基于以下三个假设：（1）市场行为包容消化一切；（2）价格以趋势方式演变；（3）历史会重演。笔者在翻译此书之时，正是市场上“技术分析无用论”甚嚣尘上之时。关于技术分析能否预见未来，股票的价格变化是不是如投资大师所说的那样——“它们（指K线）可以用任意的组合来表达自己”？译者倾向于肯定的态度。对此持否定态度的人，其依据的是人性未变，所以股票走势中所体现的贪婪与恐惧也没有变，这也有一定的道理。毕竟在如今这个什么都讲究“速成”的年代，道氏理论确实有点过于保守了。但是作为一个稳健的投资者，在各种信息纷繁复杂、过于冗余的今天，很多时候反而要坚守稳健的投资策略。

纵观本书，汉密尔顿从道氏理论整理出了关于周期、投机、自然灾害与战争、政府监管、市场操控行为等诸多因素与股市的关系，以及股票市场走势对国民经济的预测功能。关于每一部分的论述都是事实清楚、逻辑明晰。我相信读者和我一样，有坚信周期理论的，有沉迷于投机的，也有对政府监管颇多微词的。不理解也好，不能接受也罢，这些我们所关注的方方面面其实对A股的操作并无多大的牵碍。但是谈到股市晴雨表的经济形势预测功能，很多读者就应该瞪大双眼了。

译者其实一直坚信股市确实能预测经济的未来，至于为什么A股市场在近些年没能有效地显示这一功能，其具体的原因是什么，相信细心的读者通过本书或许能发现一些端倪。但是如果放到一个足够长的时间段内，谁又敢说我们现在不是身处大牛市之中呢？译者其实也不赞同很多人言必称欧美股市如何健康、积极向上和稳妥成熟，我们不该忘了欧美股市的历史。它们曾经也历经过我们A股市场的这一阶段。至于市场有没有操控行为，其实经历过“光大乌龙指”事件的市场参与者都有自己的观点，毋庸赘言。这还只是表面上我们看到的，可能还有更多的不为我们所知的操控事件。译者相信，第一，操控行为肯定有，但是操控事件对股市的影响有限；第二，监管层肯定能进一步完善监管制度，彻底杜绝操控事件的发生。无论是对现有的A股市场有多大的意见，它始终是我们万千普通交易者合理取得财富的场所，有了这样一个大前提和基本的认知，投资者对如今A股市场所产生的诸多现象，自然能够有一个客观冷静的分析。正如在当初查尔斯·道所处的时代，人们对当时股市的看法一样。

“市场知道某些我们所无法企及的东西”，我国的资本市场虽然目前还不是很完善，但是随着改革开放的不断深入，其必将会变为国民经济的晴雨表和“蓄水池”，本人也坚信，在自己的有生之年一定能看到这一天。而《股市晴雨表》这本书，也必将随着那一天的到来而愈发地熠熠生辉。

英文版致谢

通常情况下致谢往往是一种致歉，或者是对某些应该特别澄清的内容的解释。本书不需要任何辩解，如果它对自己的理论解释不够清楚，责任由作者承担。

道琼斯公司的总裁克拉伦斯·W. 巴伦和这家伟大的金融新闻机构的经理约瑟夫·凯什曼，允许我引用至关重要的道琼斯股票价格平均指数；我在华尔街报业的老伙伴杰尔斯·F. 兰肯（这些平均指数的编撰者），允许本书引用图表进行说明。在此，我必须对他们表示最诚挚的谢意。

目　录

第一章｜经济周期和股市记录／1

凡事皆有周期，平均指数预示经济形势。

第二章｜电影中的华尔街／9

虽然影视作品都倾向于丑化华尔街，但操控行为实际上并不能左右股市的基本运行趋势；道氏理论适用于所有的市场，因为真理自有神圣之处。

第三章｜查尔斯·道以及他的理论／21

事实上，如果放到一个足够长的时间周期来看，掌握了道氏理论三种运动中的基本运动，就足以让你富足一生。奔波颠沛的日常投机行为，反而不适宜我们参与。

第四章｜应用于投机的道氏理论／29

如今我们对左侧交易和右侧交易的忧虑，其实远在一百年前，查尔斯·道就已经给过明示。那种把价值交易和趋势交易对立起来的人，称不上是一个慎思明辨的投资者。

第五章 | 市场的主要趋势 / 39

股市晴雨表在本章闪亮登场。如果说交易者初入市时对市场之大、信息之多自顾不暇的话，那么单看平均指数基本上就可以了解市场的一切。

第六章 | 预言的独有品质 / 47

人类财富曲线即生活水平一直在走牛，股市晴雨表一直精准无误。凡事皆有序。

第七章 | 操纵市场的行为和职业交易者 / 55

失败者必有其优异品质，职业投机客亦有其独到的方法。如果这都不具备，建议你还是老老实实地做价值投资，相信总有一天价值会回归。

第八章 | 市场中的各色人等 / 67

市场中形形色色的人各有自己的命运，决定因素正是他们自己的努力程度。场内人员影响力有限，监管层需要摆正自己的位置。

第九章 | 晴雨表中的“水分” / 79

无论有无掺水，无论筹码如何分布，依价值买入，依高于估值时的市场狂热行为卖出，这才是正确的交易之道。市场的确会在很多时候走过了头，但是更多时候，市场依然是以价值为准。

第十章 | 有一小片云从海面飘来，不过如人手那样大——1906 年 / 91

外力对市场的作用有限，基本趋势不可逆，错误的监管比天灾更为可怕。

第十一章｜完美的周期性／105

不可机械地看待周期，物理学定律不能被简单套用在经济上，对于市场而言，股市晴雨表可信度很高。

第十二章｜预测牛市——1908—1909 年／117

股市晴雨表能自我修正，能准确预测经济走势；两大指数必须相互印证才能做出判定。

第十三章｜次级折返走势的本质和用途／129

次级折返走势不可捉摸，能在这种走势中获利的不是老手就是幸运儿。操控行为，无论是针对股票还是大宗商品，注定都要以失败告终。

第十四章｜1909 年及一些历史缺陷／139

专家并不像他们所表现出来的那样——知道的那么多。对历史事件的探查应该多一个角度看问题，即从经济运作方面去看。

第十五章｜“线型”区间和一个例子——1914 年／153

线型区间是一个很好的操作技术指标。向上突破就做多，向下突破就做空，如果是欺骗就止损。但凡事没有绝对。主导市场的更多的是一种高尚的职业操守，而不是我们认为的主力、机构和散户。因为后面这三者根本不能左右市场的主要趋势运动。

第十六章 | 例外反证规律 / 165

政府干预确实能在一定程度上影响股票市场的暂时走势，但是长久来看，市场最终会回到正轨，所有的错误都将被纠正，唯一不同的是，纠正的方式是自上而下还是自下而上。

第十七章 | 1917 年，最伟大的证明 / 177

股市晴雨表能够预测到战争，人们甚至可以根据它的指示来判定战争的输赢。战争对股市晴雨表的证明恰好说明，战争实际上是经济体强弱对抗的一个具体例证。

第十八章 | 监管机构对我们的铁路公司做了什么 / 187

立法不能使每个人都致富，但有时却能致贫；错误的监管有百害而无一益，自由市场自有它的生命力。

第十九章 | 对操控市场的研究——1900—1901 年 / 199

操控行为要求执行者具有高度繁难的技巧和综合技能，绝不是随随便便就能完成的；内部人士和消息不可信；不懂得敬畏市场的人没有出路，在纷繁复杂的各路消息中，投资者要有明辨是非的能力。

第二十章 | 1910—1914 年，一些结论 / 213

投机行为指向的是有价值的股票；周期理论在一定程度上可用；顺势而为在时间上的延展性，往往比你想象的要长。

第二十一章｜一如既往：1922—1925 年 / 225

股市晴雨表的预测一贯正确。无论外在的干预如何，政治形势如何，它自有自己正确预测的方法。

第二十二章｜对投机客的一些建议 / 235

投机是一个全新的职业，其所要求的素质，需要那些对市场心存敬畏的人经过刻苦练习和大量付出才能得到。

第一章

经济周期和股市记录

已故的英国经济学家威廉·斯坦利·杰文斯（William Stanley Jevons），以毫不矫揉造作的坦率和博爱赢得了大家的尊重，其作品因具有非同寻常的可读性而著称于世。当时他提出一个理论，揭示了太阳黑子的活动和经济恐慌之间的联系。为此，他列举了从 17 世纪开始的一系列数据，其中包括太阳黑子活动年份和经济恐慌的对应关系。从数据中不难发现，两种现象之间有着惊人的巧合。完全出于人的本性和维护自己理论的想法，他故意忽略了两个世纪之前的一次严重的商业挤兑所引发的经济恐慌事件。可能仅仅因为当时太阳黑子的数目没有达到他的理论条件，也或许是因为当时我们还不能准确测量出太阳黑子的数目。早些年，在 1905 年的《纽约时报》（*New York Times*）上，我发表了一篇关于杰文斯理论的评论文章，文中写到，如果华尔街在内心深处真的相信恐慌和繁荣的周期的话，他们肯定不会在乎太阳黑子的数量是否足够凑成一手同花顺[①]。年轻人总是鲁莽和无理的，所以也许我应该更加彬彬有礼地表述：偶然的周期性关联说明不了任何问题，正如美国总统大选年份和闰年的巧合一样。

周期与诗歌

有不少经济学教师、中立的经济界人士，甚至是很多学生都相信，

① 德州扑克中的"天牌"。——译者注

世间万物存在周期性。这种信仰是深刻而合理的。人们无需理解爱因斯坦的相对论也可以发现，整个世界的道德水准不可能沿直线发展。这种运动可能更接近于我们的星球围绕太阳旋转所走的轨迹：它在众多星体的簇拥下正在向织女星系靠拢。诗人显然也相信这种周期理论。拜伦在《恰尔德·哈罗尔德游记》（*Childe Harold*）中有一段精彩的论述，他眼中的周期如下。

人类所有关于道德的故事都表明同一个轮回，
不过是过去的重现而已，
首先是自由，然后是荣誉，
当这些都消失之后，
财富、罪恶、腐败和野蛮终于到来，
而历史虽然容量无边，
内容却如出一辙。

恐慌和繁荣似乎各有自己的周期。任何对近代历史有实际了解的人都可以列举出我们的恐慌岁月——1837 年、1857 年、1866 年（由于缺乏有效的监管，发生在伦敦的 Overend Gurney 银行破产所引发的恐慌）、1873 年、1884 年、1893 年和 1907 年，如果愿意，也可以加上 1920 年的紧缩时期。这些恐慌至少表明了它们之间的间隔并不相同，大体在 10～14年，总的趋势是间隔时间明显地越来越长。我们将在下一节分析这种周期理论，探讨其可能具有的应用价值。

周期性

如果不考虑其他因素，就草率地把周期性理论作为实践的基础，那么它充其量只是一个有效的假说，一种与人性本身的特征息息相关的假说。繁荣将促使人们过于狂热，作为对这种行为后果的惩戒，随之而来的将是萧条。在绝对恐慌之后的黑暗岁月里，工人会为其得到的任何东西而感谢上帝，并从很微薄的工资中留出一部分节余，而资本也将满足于微薄的利润和短期的收益。正如美国大部分铁路公司在1893年恐慌之后的机构重组一样，重新调整的时期总是不可避免。最近我们已经觉察到：大多数人的收入超过了支出，货币变得很便宜，冒险的风气甚嚣尘上。我们从一个沉闷而安静的经济时期走入真正的经济活跃期，而后者又将逐渐演变成投机泛滥的美好时光，从而引发高利率、高工资和其他常见的经济症状。在经过一段时期的美好岁月之后，发展的链条已经到了它最脆弱的环节。类似1907年的崩溃表明：萧条将笼罩股票市场和大宗商品的市场，随之而来的是大范围的失业，储蓄银行的实际储蓄额通常会出现增长，但是高风险企业所需的资金是绝对无法得到的。

市场需要晴雨表

请再读一遍拜伦的诗，看看字里行间是否存在着某种暗示。诗歌中普遍存在着丰富的想象力，如果我们不能把这种想象力引入到对经济问题的思考中，那么对经济的讨论还有什么价值呢？然而不幸的是，危机正是由于人类想象力的泛滥而造成的。我们所需要的是没有主观偏好的、客观公正的晴雨表——价格指数和平均指数，它们会告诉我们，指数将走向哪里，我们能期待什么。因为最好、最公正、最冷酷无情的晴雨表，就是记录在证券交易所中的平均价格指数。这些指数所包括的内容不尽相同，但是道琼斯新闻机构三十多年来一直对此进行记录，并且从未间断过。

尽管阅读枯燥的指数本身常常会让乐观主义者和悲观主义者都感到不舒服，但却是一种卓有成效的方法。晴雨表预测到坏天气的来临时，天空中可能还一片乌云都没有。仅仅因为可怜的布朗夫人在后院种植的卷心菜将会被暴雨摧毁，你就带着一把斧子先去摧毁它，这样的思路和做法都是毫无助益的。我在过去的许多年中一直试图在报刊上讨论这些平均指数——由已故的《华尔街日报》的创建者查尔斯·道提出的理论。或许现在评论分析价格运动的方法是如何地屡试不爽还为时过早，但是很多敢于质疑这种方法的人都可能会因为没有预测到布朗夫人的遭遇而产生深深的自责。

道氏理论

道氏理论非常简单。查尔斯·道认为，在股票市场的发展过程中同时存在着三种走势。最主要的是基本走势，例如，开始于麦金利（McKinley）重新当选为总统的1900年并于1902年9月达到顶部的牛市；1901年的北太平洋铁路公司股票抛售事件造成了著名的股市恐慌，而股市并未因此停止发展，只是稍作调整而已；形成于1919年10月的熊市，直到1921年6月至8月间达到底部，结束了空头走势。

经验表明：这种基本运动所经历的时间至少在一年以上，通常情况下时间还会更长一些。与此相伴随（或者说在此过程中）产生了道氏理论的次级折返走势——在基本的熊市时期的剧烈反弹或者在基本的牛市时期的剧烈下跌。1901年5月9日的股市暴跌就是后者的一个十分显著的例子。在这种次级折返走势中可能会出现以下情况：工业板块（与铁路板块分开来看）可能比铁路板块恢复上涨得更快；铁路板块也可能率先反弹；20种活跃的铁路股票和20种工业股票分别作为一个整体，齐涨共跌或者交替上涨的情况也并非不可能发生。在1919年10月开始的漫长的熊市期间，铁路板块的成绩较差，与工业板块相比极不活跃，受到了投资者的冷落。这显然与它当时的所有权归政府所有，并取得了政府的担保有关。在客观上造成了投机活动无法涉足该领域，从而不能对理性的晴雨表造成影响。倘若一旦恢复市场化，它们势必会王者归来，重新获得昔日的荣光。

道氏理论的影响

正如道氏所指出的那样，同时存在于市场中的基本走势和次级折返走势，自始至终都存在着基本的日常波动。这里必须要说明的是，对个股的投机买卖来说，平均指数具有一定的欺骗性。对于一个认真研究平均指数的投机者，根据预测，他相信在 1901 年 5 月份肯定会发生次级折返走势。正是因为相信这一点，他决定卖空，那么在所有可以卖空的股票中他会选择北太平洋公司的股票吗？有些交易者正是这样做的，然而如果他能在损失了 65 个基点之后成功买回平仓，那么他就已经算是非常走运的了。否则，后果不堪设想。

道氏理论在实践中发展出了很多全新的推论。其中一个已被证实的推论是：两种指数会彼此相互印证。无论是在主要走势中，还是在次级折返走势中，它们总是彼此保持步调一致。对于平均指数的详细审视还得出这样一个结论，在某些时间段指数总会在狭小的区间内波动几周，比如工业指数很少运行在 70 以下或 74 以上；铁路指数则保持在 73 到 77 之间运行。这在技术上被称作“画线区间”。经验表明它预示着一定时期内的抛售或者囤积行为。当两种指数都上涨到画线区间的高位线时，这预示着强烈的牛市力量，可能是熊市中的次级折返走势即将展开，也可能像 1921 年那样，当平均指数运行到高位线之后，走势演变成一个大牛市的开始，一直持续到 1922 年。

当然，如果两种平均指数都击穿低位线，那么这很明显是因为股票市场已经达到了气象学家所说的“饱和”状态。降雨会随之而来——牛市中的次级折返走势，或者是一个基本下跌走势的开端，正如市场在 1919 年 10 月所表现的那样。

在 1914 年最后一个股票交易日收盘之后，用来代表工业指数的成分股由 12 只增加到 20 只，看来工业平均指数的平衡要被打乱了。尤其是投机客们在通用电气（General Electric，GE）等股票上的投机行为使工业平均指数比铁路平均指数的波动要显眼得多。但是平均指数的研究者们对这20只成分股重新加以研究，发现在以前的年份中，他们的波动几乎每天都和原来只有12只成分股时的指数波动惊人地相似。

道琼斯平均指数标准

虽然有着无数的模仿者，道琼斯平均指数仍然是独一无二的标准。其他指标没有一个像道氏理论一样可以经受得住各种考验。非道氏方法的缺陷在于考虑了太多被表面相关性所迷惑的无关因素。例如在阅读平均指数时，把卖出的成交量因素和商业平均指数也考虑进去。这其实是完全没有必要的，因为平均指数显然已经将这些因素考虑在内，正如天气晴雨表早已把可能影响天气的每一个因素都考虑进去了一样。价格运动代表了华尔街对市场的综合看法，更为重要的是对市场未来的综合认知。

在华尔街，没有人是无所不知的上帝。据我所知，在亨利·H. 罗杰斯（Henry H. Rogers）的时代曾出现过一种被称为“标准石油板块”（Standard Oil crowd）的平均指数方法，它在许多年里对股票市场的预测一直是错误的。拥有“内部信息”是一回事，了解股票将如何据此运行则是另一回事。市场代表着我们每个人所了解、希望、相信和预期的每一件事，而所有这一切又正如参议员多利弗（Dolliver）在美国参议院发言时引用《华尔街日报》评论所说的那样，“最终都伴随着市场无情的判决而尘埃落定”。

专家解读

究竟有没有经济周期？如果有，它又是如何运行的？假如知道了各个大宗商品之间的周期，投资者能否在经济活动中做一个弄潮儿？这些问题我们都想知道答案。查尔斯·道在一个世纪以前并没有给出一个确定的答案，如果非要有一个答案，本书的作者威廉·彼得·汉密尔顿有一个接近真相的倾向性答案——周期关乎人类本身的行为。所以在开篇讲到太阳黑子和经济周期的理论之时，他在很大程度上将其作为戏谑之言在引用。拜伦的诗歌讲的是人类历史的无数个轮回，从而引申出人类从事的经济生活的周期问题。所以，经济有周期，而且周期性和人类本身的活动息息相关。

繁荣、衰退、萧条和复苏，人类现在已经明确地给出了经济周期的四个阶段，甚至列出了每个阶段具体的政策或者股市表现。更有甚者，居然能够画出各种大宗商品的周期，这种以股票市场“藏宝图”身份而崭露头角的所谓内参资料正在大行其道。这一方面说明人类对自己行为的周期性知之甚少或者一无所知，另一方面说明人类对自己无法探究的现象天生具有愚蠢的基因，即愿意被欺骗。

那么我们能否根据A股市场的走势，判定出中国现在的经济形势到底处于哪个阶段？“只缘身在此山中”的我们能不能跳出自身的局限性？读完本书，我们或许会有一个完整而客观的判断。无论读者对查尔斯·道曾犯过的一些错误有何种看法，或者对道从来没有系统地提出过自己的道氏理论有何种不满，单是“道琼斯平均指数”这一伟大概念的提出，就足以让他流芳百世。打开财经频道，充斥耳边的都是××平均指数的报道。本章中也提到12只样本股和后来的20只样本股所编撰而成的平均指数，它们的走势居然惊人地相似。这就足以说明，平均指数这一概念的提出，和你有没有人为干涉参与更改成分股的数量和个数关系不大。

因此，中国A股市场的指数走势，针对坊间盛传的“沪深指数已经被劫持”的观点，我并不赞同。即使管理层将所有的成分股都换成自己心仪的、为实现既定方针而服务的股票，也不能左右平均指数的指示作用。

因此，译者认为任何慎思明辨的人，都可以从A股市场的走势中看到中国经济的真实走向。任何统计数据、社会舆论以及局部繁荣都不能掩盖整体经济形势的走向。事实就明摆在那里，股市晴雨表已经提前考虑了所有可能的因素。请你坚信这一点。

本章结论：凡事皆有周期，平均指数预示经济形势。

第二章

电影中的华尔街

通过严谨的分析论证，我们发现正如股市的长期运行记录所表明的那样，股市晴雨表的指标是非常有效的。道氏基本的价格运动理论，观察的是股市的主要上涨或下跌趋势，时间段从一年到三年或更长的时间不等。在进行这些研究和记录的过程中，我们不但要观察股价的次级折返走势或反弹走势，而且还要观察相对不重要的小幅波动，因为它们在日常交易中无处不在。结果我们发现，所有这些市场的波动，都是围绕着华尔街对整个国民经济的理解来展开的。股市的波动既与道德无关，也与岁月的流逝无关。而可以肯定的是，即使是操纵股市这样的人类主观行为，也不能对股市晴雨表的指示产生实质性的影响。

电影和情节剧

然而从我得到的一些普通投资者的反馈中，却得出这样一个毫无争议的结论：华尔街从来都不是什么清白之地。而且我们从它过去的历史中沮丧地发现，那些冷酷的、几乎毫无人性的市场波动，看起来似乎和不时发生的市场丑闻毫无关联（这些丑闻几乎无时无刻、无处不在地充斥在市场之中，并且丑化了所有市场的交易记录）。

但是只凭感觉的交易者在数量上仍然远胜于有思想的交易者。事实上，前者的人数是如此之多，以至于尽管我个人很愿意为股市的运动做出解释，但是仍不得不向他们屈服。我应该很容易想到关于格林威治本初子午线的著名辩论，因为它与当前我们所面临的问题十分类似（人们争论了几乎一个世纪来确立它）。在此引用前美国总统格罗弗·克利夫兰最著名的那句古谚："我们面对的是一种情绪，而不是一种理性的诉求。"在公众的想象中，华尔街是一个既充满陷阱又造就传奇的地方——实际上，这就是电影中华尔街的具体展现。

英语中的"电影"一词被定义为传统舞台情节剧的代名词，那是我们祖父辈们所处的生活时代的流行娱乐形式。这些华尔街电影中的角色惊人地相似——恶棍和吸血鬼在现实生活中毫无参照物，但是这些剧作中却千篇一律地重复着恶棍和吸血鬼的角色，并以他们所应该具有的行为方式表演，其目的只是为了迎合那些从未亲眼目睹过这两类人的批评家们的品味。多年以前，杰罗姆·K. 杰罗姆曾著书介绍舞台情节剧的规则。他指出，在英国的舞台上，人们只要花上3镑6便士就会使合法的婚姻变为非法；当立遗嘱人死亡时，其财产往往将归有能力取得遗嘱之人所有；如果这个富翁并未留下遗嘱，其财产将落入他最亲近的恶棍手中。

在当时的舞台上，律师们个个伶牙俐齿；侦探们个个手段高超，只有金融家们表现得让人不敢恭维。

小说中的金融家

出现在屏幕上的现代金融家们——尤其是被大众关注的金融家们也是如此，而杰罗姆·K. 杰罗姆也并没有什么创新之处。二十年前我曾经在杂志上读过一个故事，其中介绍了一位类似于詹姆斯·R. 基恩的伟大的"市场操纵者"发动的股市政变。它的插图很棒，甚至可以说是引人入胜。其中一幅图戏剧性地把基恩（或他的同类）绑在了联合股票交易所大钟的钟摆上！这幅图暗示他正在以巨额的股票冲击市场，只有基恩之流才有此能力，而他们也只有在当时的电影中才能办到。文章的作者埃德文·拉斐尔先生为纽约的《环球》杂志工作，他可能认为自己在艺术上已创意枯竭，所以才毫无顾忌地在懵懂的金融段落中浪费着自己的天赋。以下是他本人对这种操纵股市行为的描述，出现于他在 1901 年出版的小说——《华尔街一九零一》。

现在，股票操纵者们闪亮登场了，他们是天生的，而不是后天可以造就的。他们的方法极其复杂，必须非常巧妙地操控股票，就像它从未受到过操控一样。任何人都可以买卖股票，却并非每个人都能在卖出股票的同时使别人相信他正在买进，从而使股价不可避免地继续上涨。这要求操纵者具有无比的个人魄力和精准的判断力，他必须谙熟股票市场的技术分析方法，具有非凡的独创性和敏锐的思维能力，绝对地了解人性。同时，他必须仔细研究赌博中的心理现象，具备长期与华尔街公众相处的经验，并熟悉美国人民奇妙的想象力；更不用说还必须彻底了解他所雇用的形形色色的经纪人，他们的能力、缺点、个人脾气秉性，以及他们的价码。

这是一部专业性的小说，同时作为一种更加艺术的表现形式，也似乎比情节剧或影视剧更加真实可信。它没有强调对股票价值和商业背景的深入了解，而这正是确保证券市场得以多样性存在的必要条件，与此同时又使得市场操纵行为成为可能。尽管对华尔街的批评明显失之偏颇，但是事实比小说的情节更加狗血，也可能更难以写得清楚。

丝质大礼帽和矫饰的面孔

不久前，一家颇有影响力的报纸收到一封读者来信，信里充斥着一种众所周知的“反华尔街”情绪。该信公开宣称我们已经给华尔街的西方参观者留下一系列印象。“亮点”之一就是“丝质大礼帽和矫饰的面孔”。实事求是地讲，我确实在华尔街看到过真丝礼帽。那是在 1901 年塞斯·洛市长开启新建成的股票交易所的时候。我的速记员当时以无比虔诚的口气说：“这是真正的时髦装束。”

但是电影中的金融家们总是戴着丝质大礼帽，正如戏剧中的英雄们即使出身贫寒也总是要穿着名牌真皮皮鞋一样。如果屏幕上的金融家不戴丝质大礼帽，那么他就会像一个缺乏风趣和幽默感的、刻板的好人。从另一方面看，我们并不能因为这点就断言他是一个坏人。

漫漫平反路

几年之前，真实的交易市场还没有建立起来之时，发生了一起严重的局部“囤积垄断”丑闻。涉及的股票名称叫斯图茨汽车（Stutz Motor）。事件中，除了几个卖空的投机客外，没有人受到损失，而他们也心平气和地愿赌服输了。然而此事却成为攻击华尔街的冠冕堂皇的理由。纽约的一份报纸写道，该事件的参与者们只不过是“城市交通融资（Metropolitan Traction）事件中的行贿者，新天堂融资（New Haven）事件里的恶棍，石岛事件（Rock Island）中的破坏者以及人寿保险的骗保人”等丑闻的沧海一粟而已。

媒体随意篡改事件背景的能力令人咋舌，报纸就是这样通过吸引读者眼球来卖新闻的。报纸没有告诉读者城市轨道电车公司的最近一次融资活动发生在20年以前；即使是愚蠢而无助的纽约地面铁路公司的资本筹集活动（当时被称为城际都市公司）也已经是15年前的事了；对人寿保险业的调查发生在16年前，而且当时既无人指责也未证明存在“腐败行为”；被歪曲的新天堂融资活动（一件并不起眼的小事）发生在11年前；石岛事件发生在19年前；芝加哥 & 埃尔顿（Chicago & Alton）公司资本重组是华尔街的攻击者们最喜欢提及的事件，然而它完成于1899年，直到1907年以前并未出现任何问题。当我写下这些事实的时候，我或许把自己变成了一个义无反顾的堂吉柯德。因为根据对事实的最全面的了解，我发现华尔街并没有什么可以谴责的地方。

孤儿寡母

即使是像操纵北太平洋公司股票这样著名的投机案例（对该股的操控引发了股市大恐慌的事件），也不能作为我们的晴雨表失灵的例证。因为那个特别的大抛售时间发生在一个典型的牛市期间，仅仅是牛市上涨运动中一次严重的次级折返走势而已，随后股市的上涨势头得以恢复，并在16个月之后到达了最高点。该事件发生在1901年，但是仍然被政治家们用来谴责备受关注的华尔街，一经引用便鲜活如初。值得注意的是，有的政治家居然声称被操纵的股票全部都由孤儿寡母们持有。我倒是真希望有人能娶了那个寡妇并且收养孤儿，或者甚至揍那个孤儿的屁股，让他别再不听话地乱买股票。在剥夺了政客们具备最基本的商业常识的公知权之后，他们也就无权回来用这种卑鄙的手段提醒我们注意身边的罪恶了。毕竟如果考虑到他们的演技，还有一种更有利可图的合约在等着他们——拍电影。

所有股票市场的“圣经”——道氏理论

现在严肃一点，回到我们本书的主要内容中来。在华尔街主宰股票市场运动的规律，如果用公式表述出来，同样适用于伦敦（London Stock Exchange）、巴黎（Paris Bourse）甚至是柏林的证券交易所（Berlin Boerse）。但是我们可以走得更远些。即便是当这些证券交易所本身都已经发生翻天覆地的根本性变化，而且我们都已经死去消失之后，遵循该理论的公式仍然有效。无论在哪个国家的首都，伴随着证券行业自由市场的重新确立，道氏理论都将自发和必然地继续发挥作用。据我所知，迄今为止没有任何一家伦敦的金融出版机构拥有像道琼斯平均指数这样的数据记录。如果能够获取类似的数据，其他股票市场也会像纽约股票市场一样，具有利用道氏理论进行预测的可能。

从伦敦股票交易所的股票名单中选择两种或更多具有代表性的股票板块，并依据他们在威坦豪尔清单和伦敦股票交易所的官方清单中有交易数据记录的时间段，我们可以画出他们在数年内的基本走势、次级折返走势和日常波动走势图。

英国铁路股票的平均指数就接近完美地类似于道琼斯铁路平均指数，然而英国的工业股票指数却不尽相同，可能是因为该指数的成分股采样中可供挑选的股票太多，这应该归咎于伦敦有着更悠久的工业史。从1889年第一次德兰士瓦采金狂潮（Transvaal gold rush）开始，人们编撰了卡菲尔股市（Kaffir）的南非采金业股票平均指数，这本身就是一件很有意义的事。它表明，在其他行业停滞不前甚至出现倒退的时候，采金业是多么的兴盛。把这个平均指数与那些旨在获得固定收益而持有的证券投资组合指数相对比，对经济学家们来说极具启发意义。它能最生动地表明黄金的购买力与债券投资之间的关系，并最终证明了这样一个公理，即旨在获得固定收益而持有的有价证券的价格与生活的成本成反比，正如我们将在后面的章节中看到的那样。

没有真相的事实是虚假的

许多观察家认为，试图从内部视角去给华尔街一个全面的评价是比较困难的。

正如我们已经看到的那样，市场不只包括操纵者，也不只包括所有的金融家们。可以这样说，股市晴雨表的范畴在某种程度上超越了股票市场本身。当代作家G. K. 切斯特顿（G. K. Chesterton）曾经说过：“没有真相的事实是不具说服力的，甚至是虚假的。”在查尔斯·道提出自己的价格运动理论以前，没有人能提出并建立一套理论来解释股票市场的事实真相。我们能让一个商人为了赚钱而深入旋转机械内部，去弄清楚是什么动力驱使该机械的，甚至这种动力是如何产生的吗？很明显，迄今为止唯一能在人们视网膜中留下的图像就是，被我们称作华尔街电影所展示的畸形形象。

邪恶向美德致敬

为什么从事石油股票欺诈的骗子总是给一些住在著名金融街区的受害者分发传单，并且想尽各种办法诱使知名的都市报纸在金融栏目中提及自己的股票？如果他所拜访的公众、投机者以及潜在的投资者们，都认为华尔街就是国家政客们所描述的藏污纳垢之所，他还会这样做吗？如果真是这样的话，别有用心的发起人将会寻求其他更合适的场所。然而这些“骗子”利用金融街区就是因为他们知道该街区的人具有世上最良好的信用和最正直的品质。伪善是邪恶对美德的致敬。他们一定不希望自己和华尔街一样烂，事实上如果华尔街有一小部分人像政治家所煽动的那样腐败不堪的话，人们也不会对政客针对华尔街的批评横加指责了。美国的全球金融中心将会因华尔街的腐败而支离破碎。市场的一切行为都是正确的，即使事实与表象截然相反，关于股市运动的理论也仍然是正确的。

罗兹与摩根

如果这些文章的作者像《染匠之手》的作者 W. H. 奥登[①]一样闻名遐

① W. H. 奥登（W. H. Auden，1907－1973），被公认为艾略特之后最重要的英语诗人。
——译者注

迹，人们都因他的诗作而崇拜他，并且他文中的插图主要是从金融社区精选出来的话，就没有人会对此提出异议。有一类华尔街从业人员，他对待工作是如此认真，如此严格，以至于他既没有时间也没有动机做不正当的事。如果事实正如我们所看到的那样，没有人知道在任何一个具体的时间点哪些因素在影响股市运动，这一点从我们每一个人的投资记录中也可以得到证实，然而不可否认，确实有一些人比另外一些人更有知识。他们能够真正帮你远离批评和指责的纠缠，专注于做好自己的事。当他们变得富有，他们的财富也只不过是无心获得，财富显然是他们的一个大目标，但始终不是他们的最终目标。

25 年前，当我在南非任职时，我被安排专门联系塞西尔·约翰·罗兹（Cecil John Rhodes）。他有着清晰的思路和宏观的视野，绝不是一个只会赚钱的商人。为了实施他的想法，有时金钱是必须的，为了把白人世界的文明成果从埃及首都开罗带到黑人世界的南非好望角，他需要修建一条铁路。对他而言，铁路作为一种外在的实物标记，已经成为一种精神上的象征。就直觉能力而言，我只遇到过一个人可以与之匹敌——已故的 J. P. 摩根。他们这类人的思维速度是我们常人难以企及的。确实存在这样一些异乎寻常的例子，比如有数学天赋的孩子可以在短暂的心算之后给出一个千位数的平方根。按照一位记者的说法，另一些知名人士说话时的心理过程和我们普通人非常类似。其他我所见过的工业大资本家，像詹姆斯·J. 希尔（James J. Hill）和爱德华·H. 哈里曼（Edward H. Harriman），他们都有一个最主要的基本特征——都是一流的思想家。他们能够直接摒弃一切无关因素而直指问题的本质，可以只用一页纸的篇幅来描述基本事实，而罗兹和摩根则更胜一筹。他们总是能在你陈述完事情的前提之前，得出通常是令人吃惊但是又合乎情理的结论。

并非无法形容

这些人成为有钱人并非刻意为之。因为还有更伟大的任务等着他们去完成，拥有金钱只不过是他们达成目标的必要条件而已。在过去的几年中我们时常听到相当多的“想法”，接着发现这些想法中的大多数都是一知半解的观点。然而确实存在一个理想的华尔街，通常情况下总会有（我希望永远会有）一个合适的人在正确的时间采纳正确的观点。不久前我曾去过自己心目中“难以形容”的美景——科罗拉多大峡谷。我在一小时零十五分钟之内决定性地证明了，该景观至少是我迄今为止看到过的最难以形容的美景。然而弥尔顿能够描述它们，赞美诗的作者大卫王也能。或许任何明智的、理解力强的人只要在物理现象面前简单地陈述心灵里感受到的真相，都可以描述这种自然奇观。

亘古不变

记得我以前曾经讲过，今天你才读过的述评明天就会忘记，现在我还要这样说。人类所面临的困惑没有改变，因为人类的本性仍是有史以来所记录的那样。“周期”和有组织的人类一样古老。我们看到的变化都是积极的，特别是真诚的智者已经通过法律形式确认，和平友好的共处会使他们生活得更好。但是人类内心的进化才是所有进步的基石，变革正是起源于此，而并不是产生于立法机构的大厅里。

三一教堂的钟声

面对着华尔街西边街道的尽头，落日的余晖将这个伟大的国度中招致非议最多和最神秘的区域，投向三一教堂塔尖的阴影之中。我们经常可以听到它的钟声敲响着古老而熟悉的赞美诗的旋律。每当这时，羊群会再次把目光投向牧羊人，全都安安静静的卧着。仿佛听到这些钟声，某种意义上我们都会沐浴在主的荣光中一样。

法律并不能让人们过上更快乐、更富有和更满足的生活。今天，任何形式的政府都有与之平行并能引以为戒的组织存在，这和过去不同。过去的政府只讲正义兴邦。华尔街不仅知道针对它的批评是最公正无私的，还知道一个好的政府是以善举、公正、奉献和爱为基石的，因为在这种精神的指引下才能实现人民的自我管理——民治。

我们已经说过，我们正在研究的法律是基础性的、公理性的和不证自明的。如此高度肯定的真理，肯定会有一些永久的东西流传下来，如果将来有一天美国宪法的条文变成了考古工作者有兴趣研究的对象，那么今天幸存的著作将会成为某种意义上的古典文物，这一点当初它的作者肯定想象不到。这种基础是永恒的，因为真理自有神圣之处。

专家解读

华尔街为什么会给人这样的印象？究其根本还是宣传的误导，还有更深层次的社会原因，即人们普遍仇富的心态。但是“金钱应该为自己所带来的罪恶负责吗”？可是人们似乎并不关心这个，仿佛踏踏实实做生意赚到的钱，比你在华尔街赚到的钱要干净、正直、更加富含道德元素一样。难道就是因为华尔街里充满了各种阴暗诡诈的伎俩吗？话说哪个行业没有如此阴暗的各种角落呢？只不过是因为华尔街直接和钱打交道而已，如果说它有什么过错非要招致人们的愤恨的话，就是它距离金钱太近了。

无论银屏如何丑化华尔街，有一点人们的确是理解偏了，即认为可以人为地操控股市，以达到自己聚敛财富的目的。其实这是因为一方面人们在宣传一些操控事件时，生搬硬套地对事实进行修改以符合自己的目的；另一方面，是有些人在利用社会道德来操控公众的同情心。但是无论如何，这都没有改变道氏理论适用于所有股票市场这一基本前提。中国股市也不例外。我国股市所经历的过程，当今世界最为成熟的美国股市早在100年前就已经经历过，当时他们在做空大宗商品粮食和棉花之时，我们可能还在遛鸟斗蛐蛐。

我们说道氏理论适用于所有的市场的本意是想表达，人类的本性迄今为止仍和历史上已经记录的历史那样，毫无二致。利莫弗尔曾经说过，太阳底下没有什么新鲜事，已经做的复去做。能阐述股市运行基本原理的道氏理论，在诞生至今的近百年的历史中一直熠熠生辉。

本章结论：虽然影视作品都倾向于丑化华尔街，但操控行为实际上并不能左右股市的基本运行趋势；道氏理论适用于所有的市场，因为真理自有神圣之处。

第三章

查尔斯·道以及他的理论

在浩如烟海的读者来信中，人们认真讨论了关于道氏平均指数、萧条和繁荣的周期等议题，一致认为道氏理论是一种从根本上切实有效的在华尔街的赚钱之道。但是立刻就会有人跳出来说，他不能忍受任何形式的“弓形拉线”① 走势，或者刻意打压银行股的行为。还有一些问题比这个更机智和善解人意，其中有一个问题值得我深入详尽地回复。

不仅仅是新闻人

“谁知道，我从哪里可以读到他的理论？”

查尔斯·道是纽约道琼斯财经新闻的创始人，也是《华尔街日报》的创始人和主编。他死于 1902 年 12 月，享年 52 岁。他是一位资深的新闻报道人，早年跟随美国经济学家萨谬·鲍尔斯（Samuel Bowles）学习，后者是斯普林菲尔德《共和报》的著名编辑。道是新英格兰人，聪明、自律、极端保守，而且他深刻理解自己所从事的行业。他总是能够冷静客观公正地对待任何问题，无论针对该问题的讨论有多火爆。与其说我从来没有见过他生气，不如说我连他激动都没见过。他完美的品质和准确的判断力赢得了在华尔街工作的每一个人的信任，当时很少有称职的财经版块新闻从业人员，更不用说对金融知识有深入了解的人了。

道的另一个优势是，他曾做过一段时间的股票交易所的基层工作。

① “弓形拉线”指长期上涨中的短期下跌或与之相反。——译者注

这段经历是以一种非常有趣的方式开始的。已故的爱尔兰人罗伯特·古德波迪（贵格会教徒）是华尔街的荣耀，他从爱尔兰的都柏林来到美国。当时纽约证券交易所要求它的员工都必须是美国公民，所以查尔斯·道成了他的搭档。在罗伯特·古德波迪尚未取得美国国籍期间，道就坐在股票交易所的交易席位上执行交易指令。当古德波迪正式成为美国公民之后，道退出了交易所，重新回到更适合他的新闻报道行业。

道氏的警告以及他的理论

认识并喜欢上道，是在我与其一起工作期间，那也是他生命的最后几年。我和他的许多朋友一样，常常因为他的过度自律而生气。这一点在他为《华尔街日报》所撰写的述评中尤其明显。现在有必要提及，因为他们是道氏理论所描述的价格运动的唯一的书面记录。他会写一篇强有力的、可读性极强并且令人信服的述评，而且在最后一段，他总是添加一些免责声明和保留条款，这样不仅去除了文中的“刺痛”之处，而且“冲击力”也被削弱了。用拳击比赛中的术语来说，就是他故意不用全力打。

无论他的理论是多么合情合理，他的推理是多么清晰和缜密，他几乎总是谨小慎微地将他的理论表述成一种单调的、教条式的陈述。在1901年和1902年上半年，他写了许多关于股票投机方法的文章。他的理论必须从这些文章中提炼出来。然而这些文章都是说明性的和偶然写的，从来都不是他要讨论的主题。奇怪的是在他早期的关于价格运动的陈述中，有一个不能自圆其说的表述。这篇以《波动中的波动》为题的文章，发表在《华尔街日报》1902年1月4日的“市场回顾及展望”栏目中，他在文中写道：

“毫无疑问，市场中有三种相互印证的确定性的波动，一种是股票价格的日内波动，即在特定的时间由买卖双方达到一致所引发的价格波动；

第二种价格波动涵盖了10到60天的价格走势，通常情况下是平均30到40天的价格运动；第三种波动是持续时间在4到6年大的波动。"

查尔斯·道错在哪儿了

请记住，道是在20年前写的这篇文章，当时他并没有关于股票市场运动的数据记录可供分析。前文中引述的基本运动趋势的长度，已被以后的经验证明太长了，而且认真检查后就会知道，在道写出这篇文章之前，从来没有出现"4～6年"的主要波动。事实上持续三年的都很少见，而且通常情况下不超过两年。

然而道总是能找到自圆其说的方法，他理智的诚实让那些认识他的人确信，他的话至少有值得探讨的理由。这主要基于他对经济危机会重复发生的深刻的信仰，危机的发生有周期性的间隔（正如金融史中所记录的那样），通常是10年多一点的时间。道假设这期间应该有一个完整的牛市和一个完整的熊市，他理所当然地将十年的周期一分为二。这就很像一个小男孩，当被要求说出十个生活在北极的动物名字时，他回答说："五只海豹和五只北极熊。"

杰文斯和恐慌日

在本书开篇的章节我们提到了历史上的恐慌、斯坦利·杰文斯教授和他的理论，该理论可以表述为经济危机和太阳黑子的活动周期的相关性，以及太阳黑子的活动对气候和农作物的影响的假设。我当时说这个解释和把总统大选与闰年联系起来一样牵强。但是杰文斯在英国所记录的经济危机的年份还是给我留下了深刻的印象。这些年份分别是1701年，1711年，1712年，1731—1732年，1742年，1752年，1763年，

1772—1773年，1783 年，1793 年，1804—1805 年，1815 年，1825 年，1836 年，1847 年，1857 年，1866 年和 1873 年。

道在发表于 1902 年 7 月 9 日的《华尔街日报》上的一篇文章中引用了这些数据并写道："这无疑是对十年周期理论的强有力的支撑，并且 19 世纪发生在这个国家的经济危机，也在相当大的程度上为这一理论提供了事实依据。"

道对这个国家发生的连续的经济危机（他个人经历过三次——1873 年、1884 年和 1893 年）的解释是如此的完美和有趣，以至于不在这里引用都有点可惜。在杰文斯所记录的数据范围内，人们很奇怪地发现他在这一连串年份的开头部分略去了一个严重经济危机的年份——1715 年。这次危机是因为苏格兰入侵英格兰，试图扶持斯图亚特王朝恢复英国王位而引发的。据我猜测，这很有可能不是杰文斯人为地要忽略掉它，如果可能的话，我认为是因为那年没有足够的太阳黑子来对应他的理论，他才不得不"忽略"掉那一年。

查尔斯·道对我们自己的危机的评论

以下是道对我们自己的危机的解释：

"19 世纪，美国历史上的第一次经济危机发生在 1814 年，起因是在当年的 8 月 24 日英国人攻占了华盛顿。费城银行和纽约银行开始停止对外支付业务，一时之间危机开始变得严重起来。这段时期所引发的艰难时代主要是由以下四个原因引起的，一是于远洋对外贸易的巨幅下跌；二是互不通商条款在 1808 年的实施；三是人们过度使用福利使得公共开支入不敷出；四是一大批州立银行取代了原来的联邦银行。许多这样的州立银行缺乏资本，而且发行的货币没有足够的安全性。"

1819 年、1825 年和 1837 年

作为银行货币发行额大幅收缩的结果，1819 年发生了一次准危机。

银行数量的增长促使投机之风盛行，所以紧缩引发了严重的大宗商品和不动产价格下跌。当然，这在当时看来只不过是由于钱荒而引起的恐慌。

“1825 年发生在欧洲的经济危机引发了对美国产品需求的下降，由此导致了 1826 年的降价狂潮和货币紧缩。当然，形势并不是很严重，从本质上看，这更像是一个前进中的小插曲，而不是整个经济形势的逆转。”

“著名的 1837 年经济危机发生的原因有很多，先是有许多企业成立，接着工商业开始快速增长。但是农作物种植不足，导致早餐吃的面包的原料都要进口。政府拒绝延长美国银行营业许可的行为，这引起了银行业务的急剧变化。公众纷纷提取账户中的存款和为州立银行所提供的担保品，这在客观上提供了滋生反常的投机行为的温床。”

1847 年、1857 年和 1866 年

“尽管我们在硬通货上的损失巨大，而且墨西哥战争也在一定程度上影响了企业的支票兑付，但是 1847 年的欧洲经济危机对美国的影响很小。当然这些影响被大量谷物的出口以及后来在 1848 年到 1849 年发现金矿的事件削弱了。整体而言，此次危机对美国的影响属于中性。”

“8 月份，俄亥俄州人寿保险和信托公司的倒闭事件，引发了 1857 年经济危机的序幕。尽管该公司的股票价格下跌已经持续了好几个月，但是危机的爆发仍然出乎意料。因为当时的铁路建设正搞得如火如荼，而银行掌握的硬通货与它们的贷款和存款相比显得微乎其微，形式似乎一片大好。这段时期的一个显著特征是破产企业的数量非常惊人，银行大都在十月份开始停止了对外支付。”

“1866 年的经济危机发生在伦敦，由奥弗兰·戈尔尼公司破产而引发，随即出现了伦敦股票交易所的恐慌性暴跌。在当年四月份出现了一只名叫密执安南方公司的生僻的场外股票，投机活动由此开始猖獗起来，从那以后想回归正常就不太容易了。”

1873 年、1884 年和 1893 年

“1873 年的经济危机发生在 9 月，不仅股票交易所出现恐慌性抛售，它还演变成了一次商业危机。它是巨额流动资本转化为固定资本的结果。

由于商业规模的不断扩张，货币供给逐渐无法满足前者的需求，于是信用崩溃了，随后出现了极为严重的萧条时期。”

“1884 年的经济危机主要是股市崩溃，并没引起商业危机。随着 5 月份海军银行、都市银行和格兰特 & 沃德公司的破产，此后的一年里都可以感觉到价格的大幅下跌和处处的严格管控。持续数年之久的主干线之争也是引起这次危机的原因之一。”

“1893 年的经济危机是诸多因素综合作用的结果——货币环境的不确定性、外资的撤离以及对偏激性关税立法的担心。力求维持金本位的思想无疑是其中的主要因素，因为黄金的影响范围实在太广。”

一次缺乏说服力的预测

查尔斯·道在预测中的谨慎，不仅是新英格兰式的，而且几乎是苏格兰式的。道在他的一个典型结尾段落中写道：

“根据历史以及最近六年的发展趋势可以预测，我们会在接下来的几年中遇到一次股票交易所的恐慌事件，这一点并不是毫无理由的。”

非但不是毫无理由，甚至不是一个大胆的猜测。5 年以后，当纽约的银行纷纷使用票据交易所的证书时，股市在短短 5 分钟内经历了一次恐慌，之后的 1907 年的股市下跌远远超过了“恐慌”一词的描述。但是这次预测是在基本上升趋势中做出的，上涨直到 1902 年 9 月才结束，而此时距离道去世只有三个月。

该事件不久就证明，道根据把假定十年的周期一分二所得出的结论——五年基本趋势周期——是错的。从 1902 年 9 月开始市场就处于基本熊市状态了，持续了将近一年时间。后来的基本牛市开始于 1903 年 9 月，1904 年 6 月确立牛市，1907 年 1 月结束，前后持续了 3 年零 4 个月。紧跟其后的基本熊市持续了 11 个月，期间包括发生在 1907 年的经济危机。

纳尔逊论投机

查尔斯·道的所有理论都记录在《华尔街日报》上，只有通过寻找"华尔街圣经"① 里的珍贵文件，才能使得他关于股票市场价格运动的理论体系得以重现。但是在1902年年底，已故的S. A. 纳尔逊写的一本朴实无华的书——《股票投机入门》出版发行了。该书已经长时间没有再版了，但是偶尔还能在二手书店找到。他曾极力说服查尔斯·道来写这本书，但是没有成功，后来他只得在书中借鉴了他在《华尔街日报》里能找到的所有查尔斯·道关于投机的言论。在书中所有的35章里，有10章（从第5章到第14章）都是《华尔街日报》的述评，其中一些略有删节，并冠以诸如"科学投机方法""读懂市场的方法""交易的方法"等类似的题目。虽然市场的波动一般都是有趣的，但是也不适合整篇复制粘贴在这里，尽管我们在后续的章节中还会多次引用到。

纳尔逊所著的是一本小心谨慎而又不乏明智的小书，而他本人也是一个谨小慎微且见解明智的——我们可以喜欢也可以嘲笑——小人物。年轻的记者可能不会把他像他自己认为的那样当回事。我写这本书时他亲笔签名的书就在我眼前，当我阅读着他关于投机的道德的相当传统的论述时，似乎能看到他可怜巴巴、极度认真而又紧张兮兮的脸（他死于肺结核）。之后不久他就死去了，永别了他所钟爱的华尔街，但是正是他创造了"道氏理论"一词。这是崇高的荣誉，查尔斯·道适得其所。因为如果说很多人都发现了股市的运动是有轨迹可循的——伟大而实用的交易晴雨表——那么查尔斯·道是第一个用切实可行的办法将其表述出来的人。

---

① 比喻《华尔街日报》。 ——译者注

专家解读

道氏理论对宏观经济的预测功能毋庸置疑，从1700年到1900年的两百年间，道氏理论成功地预测了几乎所有的经济危机。无论是我们熟知的十年周期，还是危机之间的间隔有延长的趋势，都给我们展示了一个并非在神坛之上，而是真实的查尔斯·道。不但作为新闻人的道也有着自己不足的一面，比如他在确定经济危机为每十年爆发一次时，就草率地将在这期间股市的运动一分为二，牛市熊市各一半。但是即便如此，这丝毫不影响道氏理论在预测经济形势方面总体上的正确性。

由于引述了错综复杂的美国和英国的历史，读者在阅读本章时会感到障碍重重，但是自始至终一条脉络始终是清晰可见的，即实事求是的经济危机以及它们发生的具体原因。道氏理论很好地解释了这些危机，这只能是表示过去，未来如何，还要看股市晴雨表的表现。本章之中作者也第一次提到了投机，事实上，如果放到一个足够长的时间周期来看，掌握了道氏理论三种运动中的基本运动，就足以让你富足一生。奔波颠沛的日常投机行为，反而不适宜我们参与。

本章结论：危机皆有诱因，道氏成功解释。

第四章

应用于投机的道氏理论

在前文中讨论了关于股票市场价格运动的道氏理论，其本质可以归结为三句话。发表在1900年12月19日的《华尔街日报》上的一篇述评文章里写道：

“我们可以认为市场永远包含着三种运动，它们是同时存在的。第一是日复一日的范围狭窄的价格波动，被称为日内波动；第二是短期走势，从两周到一个月或更长些的时间；第三是主要趋势，至少持续四年时间。”

我们已经看到，道氏理论中的第三种走势，也就是主要趋势可能完成的时间比查尔斯·道所假设的时间要少很多，而且试图将一个完整的为期十年的牛熊周期一分为二，得出每个主要趋势都是大约五年时间的结论，让人感觉查尔斯·道多少有点不自觉的夸夸其谈。当然这并不重要，因为查尔斯·道成功地完成了最有价值的股票市场运动的理论，并指出这些运动是同时发生的，以便让后来人能够构建商业晴雨表。

隐藏在投机中的真相

这就是道氏理论的本质，我们几乎很难说查尔斯·道没有发现，或者没能活着看到该理论所蕴含的全部意义。虽然他从未单独写过一篇关于该理论的述评，但是反回来却解释了不少他关于股票市场投机的论述，而且论述中所列举的基本事实和真相不仅要给投机（该词要以它最好和最实用的释义来理解）一个解释，还要给市场本身一个解释。

《华尔街日报》基于道氏理论的大前提所做出的假设受到了许多读者的质询，这并不奇怪。1902 年 4 月，查尔斯·道回答了一个中肯的问题，任何读过这篇文章的有思想的读者都能够回答。该读者问："前一段时间你写文章称当前市场处于牛市，但是在大趋势上又是熊市。你怎能这样前后矛盾呢?"查尔斯·道的回答是，在次级折返走势之后当然是牛市，但是从公司盈利记录决定股票价值的观点来看，他并不认为已经持续了 16 个月的牛市还能走得更远。非常奇怪，他居然看似偶然地缩减了自己关于主要上涨趋势至少持续四年的判定。可是实际上这一次最终牛市持续到了第二年的 9 月份。据说这样的主要趋势总是会超出它的界定值。归根结底，只是对各种可能性估计不足。

一个有用的定义

在同一篇述评中，查尔斯·道给出了一个有用的定义，我们可以从中得出一个合理的推论。他写道：

"只要平均指数的高点突破了距它最近的前一个高点，它就处于牛市期间；当最低点跌破前一个低点时，它处于熊市期间。通常很难判断前进的过程是否已经结束，因为只有基本趋势发生变化时，价格运动才会随之出现。当然这种变化也可能是一次毫不起眼的次级折返走势引起的。"

这段文字暗含着"双重顶"和"双重底"的思想（坦白讲我不认为它们必不可少或非常有用）以及"画线"的概念，正如平均指数在特定时期内的狭小波动所显示的那样，这是判断主力买进或派发股票的重要指标。事实上它是目前最好的指标，用来区分是主要趋势的进一步发展，还是可能的次级折返走势的终止——很容易把它误以为是新的主要趋势的开始。在后面的章节中，我将根据 1914 年的股票市场来分析这种"画线"走势。

成功的预测

研究自1902年以来的各种各样的价格运动，并将之与《华尔街日报》各个栏目的记录相对照后，我们会发现，预测市场主要趋势并正确地把它与次级运动区别开来的方法，正是道氏理论，而且这一理论在实际运用中有着惊人的准确度。预言家的命运掌握在自己手中，尤其是在华尔街。如果他的预言总是鲜花满地，而不管实际情况如何，他最差的后果只不过是被人称作蠢货而已。

但如果他发现市场繁华已过而且也实事求是地说了，那么后果将会严重得多。如果他判定熊市到来并且正确，那么他将会受到不明来由的攻击。虽然他的动机是高尚的，而且无论市场走向哪个方向，他都不会获取一分钱的利益，他还是会为他预测到的下跌付出代价。

“回顾”一位预言家

难道美国公众对米该雅和卡桑德拉们[①]真的如此忘恩负义吗？是的，而且更甚。因为他们并不喜欢令人不快的事实。1912年，一位自始至终都有着良好记录的杰出军人，美国陆军工程兵团的C. 麦卡德·汤森德上校成为了密西西比河管理局的局长。他根据上游水位预测到密西西比河将发生一次大洪水。他警告新奥尔良市，洪水可能会出现在一个月以后，要求他们立即采取最积极的行动以减少损失。新奥尔良人心存感激了吗？他们立即召开大会，要求塔夫脱总统（William Howard Taft，第27任美国总统）召回这个“灾难呼唤者”和“不安全的危言耸听者”。很显然，

① 希腊神话中，特洛伊国王之女，有预言能力。——译者注

总统先生头脑清晰，并没有调离汤森德上校，而是将密西西比河流域大量的财产“调离”了，毋庸讳言，新奥尔良并没有逃脱这场劫难。那些容易受到影响的铁路和大工业公司对这个警告非常重视，也因此得到了好处。新奥尔良的市长最后以道歉的方式解决了问题。任何了解精明强干又鲜为人知的美国军队工程师的人都明白，汤森德会对市长的道歉和事前民众的集会抗议行为同样漠不关心。

协调不同的价格运动

前文中我们曾说过，道氏理论和赌博游戏的赌博方法完全不同。除了道自己以外，任何无视风险的交易者都不承认自己是从赌博的角度看问题。这一点可以从我对查尔斯·道的许多述评所做的考证中得到证实。我当时正在为道琼斯新闻服务机构和《华尔街日报》撰写关于股市的文章，当然必须全面了解这种能把不同的市场运动协调起来的科学方法。华尔街很多人都认识道，他们甚至将查尔斯·道所提供的预测服务作为自己投资的基本依据。查尔斯·道是一个言行谨慎的人，总是尽量避免出错，他逻辑性极强而且从不隐瞒自己的想法。我并不总是赞同他的说法，但是他总是比我更正确。如果他错了，那一定是因为缺乏像今天这样足够精准的数据所致。

必备的知识

在这里最好事先说明，了解一些有关股票市场主要趋势（无论上涨还是下跌）的知识是一家大型企业成功上市的必要条件。为方便下面的讨论，我们经基恩本人的许可，在这里先说一个非常有趣的事件——詹姆斯·R. 基恩是如何把联合铜业公司的股票卖给过分乐观的美国公众的。

当时久负盛名的《波士顿新闻通讯》已经向新英格兰的投资者们提出警告，不要在任何价格上购入该股，也不要被1.5%的季度红利和0.5%的额外收益所蒙蔽。这个保持一时的收益率是被当时的《华尔街日报》公开称作“盲式集团”[①] 的典型收益率，并且《华尔街日报》和《波士顿新闻通讯》一样认为铜矿交易的状况和公司本身的资本状况都无法支持它的发行价格。基恩本来是根本无法卖出这些股票的，但是他恰好赶上了一次著名的大牛市时期。同样的条件帮助他完成了更困难的（也更令人叹服的）为美国钢铁公司筹集巨额资本的工作。在随后出现的1903年的熊市期间，这种股票根本无法售出，甚至连想都不要想。

一篇有指导意义的述评

正如我在前文中所述的那样，即使读者没有机会亲自从查尔斯·道的亲身实践中获得启示，至少可以从查尔斯·道的一系列述评文章中学到他思考问题的方法，不过这对查尔斯·道来说有些不公平。这些文章主要是讨论股票的投机活动，只是偶尔提到一些观察市场的方法。以下是一篇发表于1901年7月20日的书评文章，几乎只字未改，当时由北太平洋铁路公司股票抛售事件引发的恐慌刚刚过去十周。在他写文章的时候，他并不清楚地知道这是在基本牛市中一次非常猛烈的次级折返走势，还是牛市的顶点。他只是从单只股票谈起。

有一种被称作股票登记的方法。每发生一个点的变化，价格就被记录下来，形成一条大致水平的价格波动曲线，而随着市场的上下波动，这条曲线就有了一定角度的斜率。有时一个非常活跃的股票会停留在一

① “盲式集团”是指开始运作公司，公开出售其股票，但却不明确说明投资者的钱将如何被使用的一种处于起始阶段的公司。——译者注

个狭窄的结果波动范围之内，比如两个点之间，直到这些数字形成一条相当长的水平线。这种线的形成有时意味着该股票正处于吸筹期或派发期，这又会吸引其他人同时买进或卖出。最近15年的记录表明，该类走势对分析特定股票的操纵行为非常有效。

另一种方法就是被称作双头走势的理论。交易记录显示，在多数情况下，当一种股票的价格达到顶点时将适度下跌，然后重新达到最高点价位附近。如果此后价格再次下跌，则下跌的幅度很可能会很大。

当然，那些尝试单独使用这一理论进行交易的人，很快发现会有很多例外，而且很多时候双头走势的信号并没有出现。

对那些依据平均指数理论进行交易的人来说，市场在一个相当长的时间区间内，指数上涨的天数和下跌的天数是基本相同的。如果出现一系列的连续上涨日，几乎可以肯定将会出现一系列对称的下跌日。

这一理论的缺陷在于，小波动是大波动中的一部分，大小趋势发生的机会是均等的，发生上涨或者下跌的机会也是相同的。而且出现每一种组合方式都是合理的。在股票交易中经常有长期波动发生，换言之，经常存在连续很多天的上涨或者下跌。当我们考察长期趋势时，道氏理论十分有效。但是基于该理论对一系列短期波动的预期所进行的任何操作，其结果都可能令人感到沮丧。

基于作用力与反作用力所创建的理论也许更加实用。看起来这是一个事实，市场的主趋势中通常都会包含一个反方向运动的次级折返走势，位置大约在主趋势的八分之三处。如果股票上涨10个点，那么很可能会下跌4个点或者更多。而且无论上涨的幅度有多大，这个规律似乎都很灵验。上涨20个点后接着8个点以上的下跌，这种走势并不罕见。

但是我们很难事先预知主趋势的长度，而且趋势持续的时间越长，折返走势来临时规模就越大，当然，依据折返走势进行的交易，其确定性也就越高。

还有一种被很多经验丰富的操作者所使用的方法，它的理论依据是：市场总是或多或少地被人为操控。加大资金规模的交易员为了寻求市场平均指数的上涨，他并不是买入所有的股票，而是通过合法的购买或操纵市场中两到三只龙头股来达成自己的目标。然后他会关注其他股票的反应。如果市场的态度是牛市，人们一看到几只龙头股开始上涨就立即买入其他股票，并愿意继续持有，那么市场会涨得更高。这就是公众的反应，它预示着龙头股将会继续上涨，而整个市场则将紧随其后。

当然，如果龙头股已经上涨，但是其他股票并没有跟随，那么这表明公众并不愿意购买股票。形势一旦变得明朗，尝试上涨的股价通常会夭折。这种方法特别适合那些紧盯磁带机报价的交易者使用。但是我们也可以在当天交易结束后，通过阅读交易记录来发现哪种股票在特定的时间点上被拉升，以及整个市场是否随之上扬。最好的解读市场的方式是从价值角度来分析。市场并不像一只在风中忽上忽下摇摆不定的气球。总体来看，市场走势代表着那些有远见且信息充分的人，通过严谨且深思熟虑的努力，试图让价格和当前的价值，或者与不远的将来的价值相匹配。出色的交易者所想到的并不是股票的价格能否上涨，而是想着他所投资的标的能否吸引投资者和投机者们在半年以后，以高于现价 10 到 20 个百分点买进。

因此，为了读懂市场，我们首先要确定一种股票在三个月以后的价值，然后再观察操纵者或投资者们是否正在推动价格向目标靠近。这种方法经常可以很清楚地分析出市场的运动。了解了价值也就明白了市场运动的含义。

本文中有些前提条件是可以修改的，但是这完全没有必要。除非去研究至少半个世纪以上的市场记录，否则我们不可能证明股市上升和下跌的天数同样多。这一点即使得到证明也毫无意义。这相当于说如果抛掷的次数足够多，硬币出现正面和出现反面的机会将相等一样。

但是我们必须称赞查尔斯·道清晰的头脑和优秀的感觉。他只说那些值得说的，而且说过之后不会再说。这是一种在写述评时极其稀缺的优秀品质。他对基本事实以及背后的真相（没有它，事实将变得苍白无力和荒谬）的感觉敏锐。他实际上论述了投机问题，但是他并没有因此陷入无聊的道德纷争，人们也没有将他和赌徒混为一谈。在研究他的理论时，以及在学习更广泛而又实用的关于股票市场运动的一般规律时，我们都应该深入研究运用他这种不把自己卷入无谓的争端的方法。

专家解读

道氏理论能不能运用于投机？本章将答案揭晓。很显然，查尔斯·道在有生之年都没有对投机有过什么好感，他的理论更多的是为价值投资者提供分析服务。正如金钱不用为自己所带来的罪恶负责一样，道也没必要为自己的理论给投机行为带来便利而自责。

市场运动分为三种，除了次级折返走势比较难以捉摸，日常波动走势毫无规律可言以外，市场的基本运动趋势一旦形成，其持续时间和空间都极具可持续性和拓展性。这也许就是趋势交易所遵循的基本原则。趋势交易者是价值投资者吗？这个问题我们不去研讨。单纯就《海龟交易法》本身来说，那些没有任何市场基础知识的人，只要遵循周线突破买入这一法则，就能造就很多机械交易大师。这样的交易方法是不是道氏趋势理论的最大证明呢？答案是肯定的。

如今我们对左侧交易和右侧交易的忧虑，其实远在一百年前，查尔斯·道就已经给过明示。那种把价值交易和趋势交易对立起来的人，称不上是一个慎思明辨的投资者。趋势正在突破途中，市场价格仍低于股票本身的价值，为什么不能顺势买入呢？难道只有在伟大企业的低谷期才能去花大量时间投资等待吗？在如今这个速食的时代，左右侧交易统一起来比较困难，但是价值投资和趋势交易应该很好地融合才对。

现在的人们对本章中提到的双重底和双重顶技术指标已经颇为稔熟，而且大多数能讲得出顶背离和底背离这样的常见技术分析现象。可是为什么仍有绝大多数人在投资中折戟沉沙呢？我想这其中最重要的原因就是人性。从人们对灾难预言家的态度中我们可以窥见一斑。如果说本章我们能从道氏理论中学到一些投机知识的话，我认为应该是依据平均指数进行交易。如果做多，就在基本上涨趋势中选择股票投资；反之做空亦然。

本章结论：道氏理论完全可以应用于投机，首要原则是必须依据平均指数进行交易。

第五章

市场的主要趋势

当继续讨论查尔斯·道的著名理论时——该理论实际上连续发表在《华尔街日报》的专栏中，我们主要论述了由平均指数所显示出来的股票价格的运动规律——必须着重指出的是，查尔斯·道精心设计了一种科学的股市晴雨表以供使用。请注意温度计和晴雨表是有区别的。温度计可以实时记录下当时的温度，就像股票行情自动记录器记录实际价格一样。而晴雨表的本质功能是预测股价，这才是它的巨大的应用价值所在，也是道氏理论巨大的应用价值所在。股票市场是一个国家的经济晴雨表，甚至可以说是世界经济的晴雨表。道氏理论能告诉你如何读懂它。

分析平均指数本身就足够了

道氏理论能独当一面是有充分的理由的。华尔街一直被称为"国家繁荣的万恶之源"，我们没必要将注意力集中在容易引发歧义的形容词里。股票交易所中的交易规模和趋势代表着华尔街对过去、现在的全部理解，并适用于经过折现的未来。完全没有必要像那些统计学家做的那样，在平均指数中加入精心编纂的商品价格指数，银行票据交换率，外汇波动率，国内外贸易量等其他内容。华尔街早就考虑到了所有的因素。它完全把这些因素看成是过去的经验（哪怕是刚刚经历的过去），用它们来预测未来。它们只不过是天气预报生成的原因而已。

人们通常迷信地认为，华尔街存在着"强大的利益集团"，他们具有所谓信息垄断能力，并用来达成自己邪恶的目的。专门调查所谓的银行和金融业超级控制权的普约委员会就是一个例证。事实上股票市场比所有集团之和还要大，而且除了暂时停止的市场恐慌以外，华尔街的利益很少会和他们的利益达成一致。就像 1907 年危机时那样。无论是单个来看，还是从他们暂时组成的联盟来看，这些利益集团都经常会错误地预测股票市场。在亨利·H. 罗杰斯风头正盛以及被视为最有权力的标准石油集团的鼎盛时期，我就了解到该集团错误地判断股票市场达数月甚至加起来有数年之久。没有人能比亨利·H. 罗杰斯在判定商业环境对大企业的影响方面更精明的了，但是我曾听说他在一次严肃的辩论中提到，犯错误的不是他，而是股票市场和刚愎自用的公众。

任何操纵都无效

正如查尔斯·道在价格运动中正确地预计到的那样，每一个可以获取的零碎信息的总和，对华尔街来说都会尽可能早地在价格运动中预先反映出来。市场并不会告诉你现在的经济状况如何，它告诉你的是数个月之后的经济状况，即便是对于拥有一个或多个龙头股的市场操纵者来说，市场仍然会做出同样的回答。市场是一个超越操纵者的存在。操纵者只能预测他们预期和希望的价值（有时是错误的），公众投资者将在以后对此作出评价。操纵者在基本熊市中也不可能呼风唤雨推动市场上涨。那些伟大的、精心策划的、为数不多的操纵行为，都发生在基本牛市之中。操纵者必须如此是因为市场比他们看得更远。个人经历告诉我们，无论在华尔街还是其他各大市场中，操纵行为在下跌市场中实际上根本不存在。熊市中的交易者持有自己的捕捞证，徒手搏斗。基本的熊市运动总能被未来的事件所充分印证，但作为一个例外，1917 年那次熊市只是因为人们对未来各种可能性的恐惧。

写于牛市之中

1900 年 6 月末开始的一个牛市，一开始非常微弱无力，交易量也少得可怜，而四个月后麦金利[①]连任总统成功，这一事件推动牛市持续了超过 26 个月。期间曾被著名的 1901 年“5 月恐慌事件”暂时打断，但这次由北太平洋铁路公司股票抛售事件引发的恐慌只是一次典型的次级折返走势（或许以一种比较剧烈的方式）来展现。正是在此次牛市期间，查尔斯·道在《华尔街日报》发表了那些经常被本文提及的文章，因为它们包含着道氏理论的主要内容。他已经设计出一个实用的晴雨表，而且出于个人的秉性，查尔斯·道也不断地运用它，来检验它是否有具有关键的发出可靠预测的品质。很遗憾，他没能在接下来 12 个月的熊市中来检验它。然后后来市场中出现的所有的波动，上涨或者下跌，都证明了他的理论的价值。

如果只是运用于一般的股票，而不是特殊的或者少数股票的话，那么在整个牛市中，他的预测都近乎完美的准确。在价格总是朝价值调整这一本质问题上，查尔斯·道是正确的。他的结论性述评发表于 1902 年 7 月份，不久之后他就离开了人世。在那些述评中他预言：价格正在超越价值，几个月以后，市场将会开始预计铁路股的收益下降，或者至少大型工业企业的发展速度会放缓，其他行业的交易也将萎缩。

---

① 麦金利，美国第 25 任总统，有“繁荣总统”的美名，也是第三位被刺杀的总统。——译者注

基本运动趋势

下面列出了从查尔斯·道开始写文章预测股市运动，到 1921 年熊市结束期间所有的基本股市运动。

1. 上升　1900 年 6 月—1902 年 9 月
2. 下降　1902 年 9 月—1903 年 9 月
3. 上升　1903 年 9 月—1907 年 1 月
4. 下降　1907 年 1 月—1907 年 12 月
5. 上升　1907 年 12 月—1909 年 8 月
6. 下降　1909 年 8 月—1910 年 7 月
7. 上升　1910 年 7 月—1912 年 10 月
8. 下降　1912 年 10 月—1914 年 12 月
9. 上升　1914 年 12 月—1916 年 10 月
10. 下降　1916 年 10 月—1917 年 12 月
11. 上升　1917 年 12 月—1919 年 10—11 月
12. 下降　1919 年 11 月—1921 年 6—8 月
13. 上升　1921 年 8 月—1923 年 5 月
14. 下降　1923 年 5 月—1923 年 10 月
15. 上升　1923 年 10 月—

如果已故的 J. P. 摩根认为他自己造就了“美国的牛市”①，那么上文数据的罗列证明了他的观点。在过去的 23 年时间里，牛市的长度差不多是熊市的两倍。七次牛市的平均期限是 25 个月，而七次熊市的平均期限是 15 个月。

---

① 在 J. P. 摩根所处的那个年代，他几乎就是整个美国，没有他不染指和垄断的行业。——译者注

从上文中也可以注意到，最长的基本上涨运动从 1903 年 9 月 22 日持续到 1907 年 1 月 5 日。平均指数精确地见顶是在 1906 年 1 月 22 日，随后不规则地下跌了几个月，接着是一个类似长度的、不规则的修复走势，差不多涨到了前期高点，所有这些都发生在 1906 年。这理所当然地被认为是基本上涨运动的终结走势，尽管发生在 1906 年的次级折返走势是市场有记录以来最长的一次。毕竟这是非同寻常的一年，这一年发生了旧金山大地震，其主要特征我们将在后面的章节中详细讨论。另外的五个牛市所持续的时间从 19 个月到差几天不满 27 个月不等。

惊人的预测

表中所列举的 7 个熊市中，最长的一个持续了将近 27 个月，包括期间被第一次世界大战打断和交易所几百天的关闭期，正好在 1914 年圣诞节前结束。我们中有些人可能还记得，那是一个黑色的圣诞节。然而，随之而来的 1915 年却伴随着战争中所需的物质产品生产的极大繁荣。股票市场极其精准地预测到了这次繁荣，而当时整个国家的经济还没有来得及理解此次繁荣的深远意义。

7 个熊市中的 4 个持续时间没有超过一整年，看起来似乎有足够的证据证明，通常情况下熊市总是明显比牛市短一些；这也可能是因为在基本上涨运动中的次级折返（下跌）走势总是凌厉而短暂，接着停止下跌后的修复上涨走势所花费的时间更长的原因。

市场永远是正确的，而且不需要感谢

在稍后阶段的论述中你可能会发现，在这些伟大的市场走势中，自始至终都存在可能预测股市的晴雨表，一些智慧的研究者走得更远，他们发明了能预测国家经济发展的晴雨表。如果他们不能让不懂经济的门外汉——那些在一生之中从来没有兴趣买过一股股票来投机的人明白这一理论的话，那么这些讨论就毫无意义。无论是最小的沿海帆船还是"阿基塔尼亚"号轮船，晴雨表是任何航海船只的必备工具。吉卜林[①]在他的诗歌《玻利瓦尔港》中写道，"淹没在茫茫大海之中"，绝望地看着"那些该死的班轮的灯光从身旁经过，像一座气势辉煌的酒店"。确实，晴雨表和班轮舰桥上的驾驶舱作用相当，甚至更大。没有哪个企业小到可以忽视股市晴雨表，当然也没有哪个企业大到可以对股市晴雨表置之不理。事实上大企业在管理中所犯的最严重的错误是，当无情的、公正的股市提醒他们注意前方的恶劣天气时，这些在商海中驾驶班轮的人没有给予应有的重视。

在美国参议院，已故的参议员多利弗阅读《华尔街日报》的一篇述评文章时曾说："听听市场无情的判决吧。"他看到了无情判决的准确性，因为这个判决是（而且必须是）基于所有的证据而做出的，即使提供证据的人是无意之举或被迫的。

难怪即使是乡村政治家也可以轻易地让华尔街成为经济萧条的替罪羊。尽管乡村选民对他产生的影响并不能超过我们这些其他人。但是华尔街在他们眼中是有罪的，因为他们愿意付出任何代价让华尔街为自己所预见并预测到的经济形势负责。前文中讲过，预言灾难的先知无论如何都会被仇恨，而且一旦他一语成谶，所受到的仇恨就会更多。但是华尔街真的一语成谶了。它关于繁荣的所有预言，都正如我们看到的那样逐步实现了，然而我们却选择性地遗忘了。相反的预言却被人们——他们比忽略预言的人更多——记住了，因为他们愿意更多地责备别人而不是他们自己。

---

① 约瑟夫·鲁德亚德·吉卜林（Joseph Rudyard Kipling，1865—1936 年），文学家，创作了大量的诗歌。——译者注

农民的朋友——华尔街

华尔街通常被政治家们和那些出于毫无理由的区域性嫉妒心理的人，称为这个国家必要的“省级”金融中心。国家只能有一个这样的中心，尽管美国联邦储备委员会认为区域政治已经太多，但是农民们还是希望能把这样的中心增至 12 个。农民或者他们的政治代言人说，“华尔街怎么可能会知道农业?”其实华尔街知道的比所有农民加起来知道的都多，甚至包括他们遗忘的事。此外，华尔街还可以随时刷新它的记忆瞬间。它雇用最能干的农民，并且他们的专家比那些我们钦佩但是并不了解的农业专家更具优势。农业部印发的出版物即使农民不读，华尔街也会认真研读。

1919 年 10 月底到 11 月初时，股票市场突然开始下跌。当农民们还在疯狂地以每蒲式耳 3 美元和每磅 40 分的价格分别囤积小麦和棉花时，华尔街已经比农民知道了更多关于小麦和棉花的未来走势。股市晴雨表正在告诉他该出局了，请以市价卖出你所持有的头寸来拯救自己，因为时间上还来得及。农民们谴责华尔街、美国联邦储备银行系统以及所有的人，却将一个被欺骗的和充满偏见的自己置身事外。他们认为只要让自己的国会议员用斧子砸碎晴雨表就可以改变一切。而他们也正在这样做，一面试图去打破芝加哥和明尼阿波利斯的谷物交易晴雨表，一面试图去打破新西兰和纽约的棉花交易晴雨表。20 年前，应农民的需求，德国用破坏性的立法打破了它的谷物晴雨表。那么后果如何呢?德国不得不在旧有的基础上重新建立了晴雨表，而且正是农民自己为此付出了代价。德国人终于明白了让市场自由运行的道理——一个英国人一直都知道的道理。也正是因为如此，英国才能拥有史无前例的最广泛的商业贸易，进而建立起伟大的帝国。

专家解读

股市晴雨表在本章闪亮登场。如果说交易者初入市时对市场之大、信息之多自顾不暇的话，那么单看平均指数基本上就可以了解市场的一切。但是新手总是对指数不屑一顾，认为每天不过区区百分之零点几的波动，看起来太闹心。转而一头扎进跌宕起伏的个股之中。这种错误几乎每个新手都犯过，只有老手才懂得敬畏市场。道却早在一百年前就清楚地认识到了这一点。他说："平均指数就足够了。"不看大势就入市，无异于不看风向就出海。其后果是不言而喻的。

实际上在市场浸淫多年的老手也会认为，单个的某只股票可以操控。不然市场上不会流传某某是某只股票的主力等流言，这绝对不是空穴来风。人们相信单只股票能够被操纵这件事尚无争议，争议是股票到底在多大程度上受到掌控。不同的看法引发不同的操作风格。还有一个巨大的争议是，国家意志到底能在多大程度上影响整个股票市场的走势？请注意，是整个股票市场。有没有人造牛市？而实际上这个问题被最终归结为，平均指数的成分股能不能集体被操控？道给出的答案是，根本不可能存在针对平均指数的操控。也许对于数百年的美国股市来说是这样，我们读者更关心的是，中国股市，这个受政策影响比较大的市场，是否也具有预测经济走势和更容易被人为操控的特征呢？

J. P. 摩根几乎富可敌国，我们也没有听闻或者看到他对美国股票市场的操控。成熟的投资者都懂得顺势而为的道理。喜欢逆潮流而动的人，无论是在生活中还是在股票交易中都不会有很好的结果。华尔街是所有行业人的朋友，而不是敌人。因为它能很好地预测该行业的未来前景。无论你在华尔街有没有朋友，它都会这样做，而且不计报酬。既然华尔街可以做到，那么我们的A股市场也能做到。老手都知道，多观察板块的联动作用，可以窥得实体经济的动态。

本章结论：单只股票可控，而市场不可控。聆听市场，才能预测未来。

第六章

预言的独有品质

其实，有两个华尔街：一个是现实中的华尔街，走出混乱的误解慢慢抵达事实的真相；另一个是虚构中的华尔街，新闻报纸上耸人听闻和搜寻受欢迎的政客的华尔街。虚构的华尔街上演着一幕幕错配的戏剧，剧中人物的真实度尚不如50年前的老式情景剧中的角色，那些令人惊诧的和无知拙劣的模仿在电影屏幕上重新流行。本书的第二章已经很好地介绍了这种流行的错误想法——电影中的华尔街。

基本运动不可操纵

对于华尔街的一个最大的误解是：相信操纵行为可以篡改股票市场的走势，并由此怀疑股市晴雨表的有效性。我本人与华尔街朴实无华地亲密接触了26年，此前还对伦敦股票交易所、巴黎股票交易所，甚至是1895年在“夹缝中求生存”的约翰内斯堡的投机猖獗的黄金市场行情做过详细的了解，再没有比我对这个行业更具有发言权的人了。但是尽管有如此丰富的经历（也许是值得的），我也不可能回忆起来有哪一次、哪个市场的基本运动是由操纵行为推动或引起的。如果不给出所有的基本牛市和基本熊市在行情结束前的演化过程，这些讨论将毫无意义，虽然它们最终都被当时的基本商业事实证明是正确的。当然在基本运动的最后时刻，过度投机或过度套现都会变得毫无节制——他们一贯如此。

操控行为在金融体系中是不可能的

这是一个斩钉截铁的表述，然而我会用基本事实证明它。当詹姆斯·R. 基恩接到卖掉22万股联合铜业非流通股股票（原始股东的未上市流通股）的任务时，据估计在整个派发过程中他必须至少交易70万股股票。他为他的雇主们设法把股票价格推高到票面价值以上，到达90到96倍市盈率。这是一个小型的股份资本化过程。让我们假设有一些财团，它们比以往股票市场上人们所看到的财团更财大气粗，而且和大银行机构有着千丝万缕的联系。即使是它们，如果没有基恩的努力的话，想要制造一个一般的牛市也会徒劳无益。继续假设这个超级财团有能力忽视被我们的铁路和工业平均指数选中的40种股票以外大量活跃的股票，并能够拒绝任何合理的公众观点。又假设它们违背了以前所有的运作理念，为了使价格上扬而囤积了不是22万股而是百倍于此的股票，却奇迹般地没有引起公众的怀疑。

任何在小学教室里学过二加二等于四的人都能看出来，我们把自己领进了算术上的迷途。该财团肯定瞧不上40点以下的净利润，在它能够为自己建立起一个广阔的交易市场（就像基恩为联合铜业公司所做的那样）以前，它自己的实际交易量就将达到差不多1.2亿股。这样的规模，即使按票面价格计算，这些股票也意味着几十亿美元的融资活动——如此巨额的资金实际上将迫使有关大银行放弃其他一切业务，集中精力为该财团的运转服务。就目前美国现存的银行系统而言，如此大的财团在任何时候都不可能这样做，甚至动用融资总额的十分之一也不可能。难道有人会认为，从事这样一种滋生恐惧的操作会得到联邦储备系统的帮助和允许吗？

操控能出现在哪里

为了讲述相应的熊市操作，财团中的每一个拥有大量的股票、债权、不动产和工业产品的富人，会荒谬地减持所有这些资产来配合熊市。这种事我连想都不敢想。在一个显著的牛市中，基恩在他身后强大的标准石油组织中所有的有钱人和有影响力的人的支持下，派发了美国钢铁公司二十五分之一的普通股。当他抛售美国钢铁公司的普通股和优先股的时候，他的后盾不仅包括伟大的摩根银行的影响力，还包括加入这个钢铁联盟的每一个集团，以及公众普遍存在的对这次钢铁生产和交易的神奇的甚至是史无前例的扩张的正确判断。但是即便在这样的坚强后盾支持下，能将他的努力成百倍地扩大吗？研究股市晴雨表中基本趋势的商人、银行家和制造业者们，这时候可以完全摒弃头脑中关于他们能够操控市场的想法了。

巴布森先生的图表

如果我们必须要在较短的汞柱晴雨表和通常不太准确但却精美而又灵敏的无液晴雨表之间做出选择的话，该选哪一个呢？股市晴雨表不太完美，或者说得更准确些，是一门未成熟的科学而且远未达到完美。但是在巴布森先生的假设里它并不是不完美的。它确实履行了预测功能，而且放在一个适当的时间长度去观察，它几乎具有不可思议的准确性。让我们从巴布森先生自己的图表中找几个例子。他将股市走势绘成了一系列的标记点，这些“标记点”分布在一条稳步上升的代表国民财富持续增长的曲线附近，从这些图中我们将看到股票市场是如何在巴布森先生获得资料之前预测每一个他所做的标记的，这些标记都是根据资料认真标记在他具有指导性、引人注目的表格上的。可能有些读者还不熟悉巴布森先生的这本有趣的书，在这里我做一个简要介绍。他把自己的表格纵向按月或按年分为12栏或24栏，然后再横向划出有标号的直线从而形成了一系列方格，这些方格涵盖着所有影响经济的因素，图上还有一条逐渐上升的贯穿方格的线，这正是前文中提到的代表着国民财富不断增长的线。

如何预测股票市场

根据观察发现，有些阴影区域两端非常狭窄，但随着时间推移会逐渐变宽。完成该区域的时间越短，那么经济萧条的程度就越深，或者经济扩张的能力就越高。一般情况下，上下的深色区域应该是对称的，或至少大体上是这样的。在巴布森的图表中有一块深色区域所代表的萧条时期开始于1903年，一直贯穿1904年并进一步发展，最终完成于1905年年初，直至超过了财富的增长曲线。股票市场的参与者也预见到了这次经济萧条区域，因为1902年9月份就开始了一个基本熊市运动，一直持续到1903年9月份。当市场在1903年9月开始适度上扬并于次年6月出现强劲的牛市时，巴布森先生的萧条区域仍在继续，直到1904年年末才告结束。尽管股票市场在1905年9月已经显示出很强的扩张势头，但巴布森的图表却到1906年才反映出来，而股市晴雨表却预见到了巴布森所记录的所有扩张趋势。

真正的晴雨表

巴布森先生的经济扩张区域所描述的最高点在1907年，而这一年熊市已经开始，并且持续了11个月，一直到1907年12月初。股市晴雨表比巴布森先生精心绘制的萧条区域，提前相当长的一段时间预测到了经济的萧条。好在这次经济萧条期虽然幅度上很深，但是时间上并不长，持续到 1908 年底就结束了。但是股市晴雨表又一次事先预见了随之而来的经济繁荣期，一个起源于 1907 年 12 月并在 1909 年 8 月到达顶峰的牛市。从那以后，巴布森先生所预测到的下一个经济萧条期和股市晴雨表所预测到的一样精确、一样及时。

当然，这说明了股市是一个经济晴雨表，巴布森的图表是从股市延伸出的一个更严谨的记录。巴布森具有同样才智的人们，都可以从中获得可贵的对未来的指导性意见。

用一个被滥用的词来形容就是，股市晴雨表是独一无二的。在经济预测方面，只有这一个晴雨表，并且无法复制。正如这张简单的图表所展示的那样，股市晴雨表确实能够在许多个月之前提前预示经济环境的变化，这一点其他任何指数或者综合预测方法都不能做到。我们的高度科学且有能力的气象局，经常因为假设普通天气条件下的急剧变化而发表爆炸性的预报言论。这并不是说要回到冰川时代，它只是告诉我们以前曾出现过灾荒和难熬的冬天，其时间间隔不确定而且无法计算。当它尝试做某一特定的预测时，会从无数个普通记录中找出一个特殊的，但这只不过是猜测而已。那些在塔夫脱总统就职时碰巧在华盛顿的人，还记得当天预报中所讲的“晴朗而温暖”的好天气吗？而我在第二天经过宾州铁路时发现，暴风雨已经把纽约至费城沿线的电线杆全部推倒了。我甚至听人说有几辆专列因为距离华盛顿太远而错过了那场就职典礼。根据大气压强理论，即使是无液晴雨表也只能预测有限的几小时以后的情况。

被高估的周期

我倾向于认为人们为周期理论附加了太多的魅力。例如我们所看到的查尔斯·道把10年的经济周期想当然地一分为二，假定存在一个5年的熊市和一个差不多时间的牛市，而实际上它们并不存在。股票市场的危机可能出现在牛市中期，例如1901年的北太平洋铁路事件；类似的恐慌事件也可能产生于熊市之中，这时它们往往更加严重和极端，例如1907年的危机。巴布森先生正确地指出，后一种情况将随后出现一次经济萧条期，而股票市场也早已用下跌趋势预示了这一经济趋势。

如果所有被同一原因诱发的经济恐慌和工业危机，都可以被已有的方法有规律而且准确地预测到，那么它们一定不会发生，因为它们早已经被预见。这听起来有点像爱尔兰“牛”，但事实就是如此，难道不是爱尔兰人说爱尔兰牛与其他牛的区别在于它很容易受孕吗？这里我不想深入讨论周期这个问题，因为大量事实证明股票市场并不是由这类原因推动的。

上帝的第一定律是秩序

我们可以把华尔街比作一个大型水库，收集着来自全国各地的每一个细小的资本流；它还是一个票据清算中心，处理着为实际发生的商业活动总和做出贡献的每一条微薄的信息。我们被一再告知，所有下列信息的累积演绎出了股票市场的运动。包括建筑和房地产数据、银行结算、企业破产、货币状况、国际贸易、黄金流动、商品价格、投资市场、农作物状况、铁路收益、政治因素和社会条件。而且除了这些还有几乎数不清的事情，它们每一个都对股票市场产生着细微的影响。

从上文的描述我们应该能看出，先前在讨论中得出的论断是多么英明：在华尔街没有人能了解所有的事实，更不要说这些事实的含义了。但是公正而无情的股市晴雨表却实事求是地把一切都记录下来，就像它用水银汞柱记录大气压强一样。股票市场的运动毫无意外一说，而且我想我已经讲得很清楚，以欺诈为目的歪曲股票市场的举动不会有任何的盈利。我们现在的目标是，一定要有法律制约这些想法，即使我们不能有效地消灭它们。许多年前，乔治·W. 凯布尔[①]曾经说过："机会之轨迹是如此的浩瀚无垠，我们的一生中只能与之交错一二。"我们没有必要让自己迷失在缘分和宿命的迷宫里，或者因为觉得生命只不过是个令人厌倦的漫长过程，而减少在威斯敏斯特大教堂里的忏悔活动。但是我们必须明白——即使无助的单个人的智慧并不够强大到能理解它——上帝的第一定律就是秩序，正是秩序形成了社会，人们在股票交易所或者其他任何地方都必须遵守这个定律。

专家解读

周期的力量有多大，可靠性有多强？真正的股市晴雨表和周期相比谁更强大？很多人会关心这两个问题。因为很久以来我们一直都确信周期的存在，而周期也确确实实在很多方面起着各种各样的作用。本章就给出了坚定的回答。

一开始作者就明确了观点，即基本运动不可操控，唯一的可能是众多机构和个人众志成城，而这一点是非常难以实现的。这等于是在跟读者以另一种方式讲述操纵，所谓的主力和庄家在市场中从来都不会一枝独秀，如果有，那也是自弹自唱。只有与市场氛围契合时，他们的行动才有可能推波助澜。所以在此告诫那些依靠主力和庄家生存的人，这种想法可以休矣。

之后，作者介绍了巴布森图表，这一展现国民总财富的曲线一直是一种缓慢而稳定上升的曲线，客观地讲，它仅仅表明了人们的生活水平与过去比总是在不断提升，而对于市场和经济的预测作用则微乎其微。因为从事投资或者投机的人很少去看国民生产总值的统计数据，且不说

① 乔治·W. 凯布尔（George W. Cable，1844—1925），美国作家、批评家。——译者注

这些数据来源的真实可靠性，单就其宏观性而言，我们谁也无法否认自己生活总是在得到改善这一事实。这其实很像一个基本运动，从人类原始社会至今，一直是在前进，我们从不用担心会重归原始社会的生活状态。所以长期来看，人类基本财富一直在走牛。而股市晴雨表，若干年间的经济走势，以及日常波动，是放到人类历史的长河中就可以忽略掉的。我们股市晴雨表研究的就是这样一个波动。因为对每个人来说，人生只有短暂的不到百年的光景。

最后，真正的晴雨表第一次闪亮登场了，独一无二而且言出必行。由于我们将在很大的篇幅中继续讨论它，所以这里不做赘述。但是我们能确定的是，与晴雨表比较起来，周期是被大大地高估了，虽然世界是有秩序的。

本章结论：人类财富曲线即生活水平一直在走牛，股市晴雨表一直精准无误，凡事皆有序。

第七章

操纵市场的行为和职业交易者

继续往下读的读者们可以在这里稍事休息，来看看我们涉及了多少推论，以及有多少我们已经能够证明的推论。当然这些推论都是始于合理的股票市场理论——道氏理论的基础之上。当查尔斯·道说市场运动可以确定地分为三类时，我们非常满意，因为他是正确的。

基本运动：分为基本上涨走势或基本下跌走势；次级折返走势——不时出现的下跌或反弹，视具体情况而定；难以计数的日内波动，根据我们的讨论目标，基本上可以忽略不提。

我们对一定时间段的狭窄范围内的交易理论也很满意。这就是前文中我们称作“画线”的理论，该画线随着交易日的增加而意义越来越重大。它意味着收集或派发行为，之后的价格运动会说明市场是缺乏股票供应还是供过于求。

一如既往

然而我们还能推演出更多推论。仅从前面的文章中可以得知，基本运动趋势总是被随后国家的整体经济形势所证实，它既不需要也不接受操纵行为。因此股票市场似乎经常与经济状况背道而驰。究其原因，正好说明了股票市场具有最高度的有效性。所以，市场才能履行它真正的功能——预测经济走向。股票市场的走势告诉我们的不是经济情况今天怎么样，而是未来经济情况会怎样。已知的新闻已经不再是新闻，众所周知的消息已经不能成为影响市场的因素了，除非是在罕见的例子或者是恐慌中，这时的股票市场在光天化日之下被突发事件搞得猝不及防。

《巴伦周刊》（*Barron's*），以系列连载的形式发表了有关市场运动的文章之后，我以晴雨表为基础，于1921年9月18日在其中加入了以下推论。这并不是我的主观臆想，而是根据正确的前提得出的科学推断，它正确地预测了市场主要变化的方向。该推论正式发表于1921年11月5日，下面摘录的这段文字就是在这一天写完的。

有一个十分恰当的例子可以用来分析目前的市场状况。一直以来都有人想要挑战我的观点，他们要求我提供可以证明股市晴雨表的预测价值的证据。以目前的经济形势而言，欧洲的金融状况令人沮丧，美国国内棉花因受灾而欠收，大环境下的通货紧缩让未来的经济形势更加扑朔迷离，而我们的立法者和税务官员们却还在毫无原则地让机会主义盛行，再加上战争后短期的通货膨胀带来了种种后遗症——失业率上升，煤矿开采业和铁路运输业给付的无法糊口的工资①——所有的一切都阴云密布地笼罩在整个国家当前的经济形势之上。但是股市的表现却令人出乎意料，甚至出现了上扬的苗头，这预示着整体经济情况会有好转。我曾说过产生于1919年10月末和11月初的熊市，在1921年6月20日跌至最低点。当时20种工业股票的平均指数是64.90，20种铁路股票的平均指数是65.52。

最近发生的例子

1921年8月的最后一周刚刚开始，两大平均指数就再次创下新低，这似乎意味着熊市的回归。然而根据道氏理论，两种平均指数必须相互印证这一推论，《华尔街日报》在8月25日撰文称：

“就目前的平均指数而言，还根本看不到牛市的踪迹，但同时两大指

① 根据美国铁路运输历史，1916年美国铁路路线总长达到顶峰，之后一直萧条。——译者注

数也没有共同预示，基本熊市已经确定性地再次回归。”

当时的铁路股票正在横盘整理，形成一条“线”。两大平均指数创出新低的当天，铁路股票也不过是象征性地击穿横盘整理区间下轨连1个点都不到的空间，就接着重回原有的轨迹。之后一直没有出现新的最低点（这可以表明基本熊市运动的确定性回归）。根据“画线”理论，如果不是派发那一定是收集筹码。1921年9月21日，随着铁路股票的止跌回稳，《华尔街日报》发表的名为《价格运动研究》的文章指出：

“有人认为我们正在经历经济上的严冬，这种说法并不恰当。如果我们不能透过短期的表象看到本质的话，那么股市的设立将毫无意义。从当前的股市来看，它似乎预示着整体经济形势将在明年春天得到改善，基本的牛市可能已经正在孕育之中。”

此时的工业和商业股票都已形成了一个走势良好的横盘吸筹区间，而且和上一次反弹相比，工业类股还创出了新高。《华尔街日报》在1921年10月4日的股市分析中，意味深长地写道：

“根据久经考验的股市平均指数的分析方法，只有当工业平均指数下降8点，铁路平均指数下降9点，或者整体平均指数低于6月20日的基本熊市记录最低点时，才能表明这次基本熊市走势会持续下去。另外，目前来看，只要铁路股票平均指数上升1个点，两种平均指数就会同时创出新高。从而预示着一个基本牛市的到来。工业板块的股票早已显示出这种迹象，而且两种平均指数都显示出一条非常明显的、清晰的横盘吸筹K线，它表明，市场一直缺乏浮筹的供给，因为绝大多数筹码都在主力手中。”

这篇论证严密的文章在结束段指出：

“价格之所以这么低，是因为批评家们在论证时，已经将所有看跌行情的悲观因素折算进价格之中。而且在这种市况下，一旦遭受意外事件，就会出现恐慌。但是事实上，历史上这种情况很少发生。就目前的形势而言，所有的悲观因素都已人尽皆知，而且情形确实异常严峻。然而人尽皆知的信息并不是股票市场交易的依据，股市是根据人们所能预测到的，几个月之后的专业信息的总汇来进行交易的。”

亨利·H. 罗杰斯和他的批评者们

以上就是我们对理论的实际运用，而读者也可以根据后续市场的发展状况，来研判股市晴雨表的真正价值。让我们换个说法，即便是给出相同的大前提，让读者自己经过认真严谨的推理过程，他们也都会得出相同的答案。

老练的投机客善于蛊惑人心，他总能让人们相信他是无懈可击和战无不胜的。不明真相的群众看到的是一堆背面朝上码好的扑克牌，但是老练的投机客不仅看到了牌的背面，还知道牌的正面。多年以前，已故的亨利·H. 罗杰斯（Henry H. Rogers），他对媒体并不感冒，曾对我说过：“喜欢耸人听闻是报纸的天性，它们总是在报纸上指责约翰·D. 洛克菲勒（John D. Rockefeller）和他的同事们，说他们太过富有，却闭口不提他们为标准石油公司（Standard Oil Company）带来了数百万的财富。你和我都知道自己知之不多、能力有限。但是在那些含沙射影的评论和漫画注解里，我们都变成了无所不知、无所不能的神。正是新闻报纸的这种形象塑造，招致公众对我们的嫉妒和憎恨。当每一个和我们打交道的人都预先知道我们只能处理好自己的事情时，我们才算真正具有珍贵的商业价值。”正是报纸的这种类似的煽动性言论，导致标准石油公司分解为 33 个小公司。这导致该公司的股票价格上涨了两倍，而汽油的价格也随之飙涨。人们会怀疑，是不是这些报纸的经营者们事先已经暗中持有了标准石油公司的股票。这件事发生的时候“福特汽车时代”尚未来临，当时报纸的经营者们是不是认为，让富有的车主多花点钱买汽油也算是一项公益性事业。

投机客的推理

人们一般情况下都会理所当然地认为，专业人士肯定拥有某种不公正的优势，然而这种想法毫无依据。大名鼎鼎的股票大作手杰西·利弗莫尔（JesseLivermore），也不过是从自身对整体经济形势的判断出发来做判断，他所使用的推理方法也不过是我们已经在这里提及，并且在前文章节所讲到过的方法而已。他在 1921 年 10 月 3 日说他一直在买进股票，既然是他自愿主动说出来的，那么我们愿意相信他是诚实的。很显然，他实际上一直试图了解，在他所能预见的日期内，投资者或者投机客们是怎么想的，并以此形成他自己的判断。

这并不是什么操纵行为。投机客们并没有创造出任何市场的假象，或者像戏已经演了一半，而仍在“戏院前叫喊招揽观众的人”一样，以欺骗性的活动来吸引公众参与。《巴伦周刊》在 10 月 3 日引用杰西·利弗莫尔的话说：“所有的市场走势都有它合理的推断基础。除非有人可以预见未来。否则任何人成功进行投机获利的能力都是有限的。”他随后又补充道：“投机是一种事业。它既不是猜测，也不是赌博，而是辛勤地工作，必须付出大量的努力。”

查尔斯·道的明确表述

现在我们把杰西·利弗莫尔的话，和查尔斯·道在 20 年前的《华尔街日报》上的一段话做个比较。后者发表于 1901 年 7 月 20 日的一篇述评中。

股票市场不是在风中摇曳不定的气球、毫无方向。整体而言，股票市场代表了那些见多识广，且远见卓识的人的共同努力的结果。这些努力是严谨的，而且经过深思熟虑。其目标就是将股票价格调整到与已有的价值，或者与不太远的将来所能达到的价值相符的价格水平。优秀的作手们并不关心价格是否应该立即上涨，而是关心他买入的股票的价值，能否吸引投资者和投机客关注6个月，让他们就会在高于当前10到20个点的价格买入该股，从而令股价上涨。

读者不难发现，利弗莫尔一点也不巧妙地表达出来的思想，与超然而冷静的道的更完善的定义是何等相似。伯纳德·M. 巴鲁（Bernard M. Baruch）曾在第一次世界大战后就他获利颇丰的一次市场交易行为在国会委员会面前提供证据。他用最简洁的方式证明，他只不过是分析了人尽皆知的原因之后，清楚地预见到因此可能出现的市场走势而已。他证明自己并没有得到所谓的“内部信息”，也没有哪位华盛顿政府部门的雇员向他出售过部门机密。任何了解他的人都不会怀疑这一点。因为华尔街从来都不觉得这种秘密消息有什么价值。所谓的内部消息就是这样，就单只个股而言，它可能具有不正当的优势。然而就算是具有一定价值的内部消息，如果没有它，也不至于招致多大的损失。

好的输家

詹姆斯·R. 基恩（James R. Keene）或杰伊·古尔德（Jay Gould）或爱迪生·柯马克（Addison Cammack）以及其他市场中的风云人物，他们在过去都做过些什么呢？即使一个人与他们具有同等头脑和理解力，并且也愿意付出艰苦卓绝的努力去学习成功所必备的知识，以最公平的方式竞争，他也不能成就和这些风云人物一样的功名。

那么，同样著名的杰西·利弗莫尔或伯纳德·M. 巴鲁，他们又因做过什么而一定要遭受到谴责呢？他们给卖家开出一个价格，但从不接受“有条件”出售的股票。商人是这样来思考问题的，他打算卖出商品的理由，要和顾客打算买他出售的东西的理由一致才行。如果他从事的是羊毛贸易行业，那么他就会买卖美国羊毛股票，因为他认为自己了解这个行业。或者如果他是银行家，而且自以为预见到了毁灭性的外部竞争，那么他会售出美国钢铁公司的普通股股票。他肯定觉得自己的信息来源要比投机客的更好，但是他不知道的是，他和投机客承担着同样的风险。而且投机客也经常出错，但是唯一的区别是，投机客们从来不怨天尤人。我认识不少这样的交易者，他们的共同特征是，从不在失败时怨天尤人或在胜利时夸夸其谈。

真正的失败者

但是仍有一小撮赌徒，他们接受了华尔街中的一些庸俗观念，试图用自己的小聪明对抗训练有素的大脑。他要是知道自己的对手中，不仅包括投机者和股票交易所大厅里的职业交易员，而且包括那些因从事商业工作而必须研究经济状况的人，他一定会望而却步。这种赌徒当然是最糟糕的失败者，他们经常表现得夸夸其谈。如果他能够在第一次进行冒险尝试时就一败涂地，那么他一定会一面断绝和华尔街之间的关系，一面痛斥华尔街就是邪恶的赌场。要是事实真的这样发展，那么对于他本人，或者那些必须依赖他生存的人来说，实在是不幸中的万幸。如果股票市场中都是和他一样的人，那么股市就完蛋了。根据这个国家永恒的信誉，我们可以信心满满地断言：这绝不可能。

拒绝与杰伊·古尔德为伍

杰伊·古尔德以其我行我素的独立精神而闻名一时，和同时代的很多新闻记者一样，查尔斯·道也很欣赏他的自信，同时也很了解他。查尔斯·道曾在一篇文章中评论到，古尔德之所以能取得今天在股市中的地位，主要是因为他只关注价值。古尔德的方法是，先通过买进一定数量的股票，然后观察市场的反应，看看公众是否和他一样肯定该股票的价值。如果答案是否定的，他会毫不犹豫地接受大约一个点的损失之后清仓离场。这样他就能从更加客观公正的角度来重新考虑自己的头寸。许多年前，在新街（New Street）一处脏肮的投机市场，有一个可怜的流浪汉，他会言之凿凿地对你说，杰伊·古尔德曾经希望他成为自己的合伙人。我现在已经忘记了他的样子，但是就在那之前的几年，他还是股票交易所里的一名大有前途的年轻人呢。作为一名股票经纪人，他在大厅里执行交易指令，工作极为出色。要知道这是一项困难而精确的工作，要求工作者像棒球联赛中的大明星那样，既具有敏锐的判断力，又具备果断的执行力。

杰伊·古尔德的许多指令都是由这个经纪人完成的。无须多言，古尔德自然不会让任何经纪人看到他的全部指令，遗憾的是，这个可怜的年轻人并不知道这一点。古尔德对这个年轻人的工作感到非常满意，决定让他成为自己的有限合伙人。令古尔德先生奇怪的是，这个年轻人拒绝了他。事实上这个经纪人对他说："古尔德先生，我执行过你的许多指令，在我看来你是输多赢少。我可不愿意参与到这样的事业中。"他并不知道自己的工作只是古尔德诸多交易活动中的一小部分而已。机会敲了他的门，几乎是想破门而入，然而这个年轻人用事实证明，他只能做好一件事——经纪人。实际上事后证明，这个年轻人的执行判断力也没什么价值，因为他又从华尔街流落到新街，然后（据我估计）在那里消声匿迹了。真的，很多人都被机会召唤过，却很少有人被选中。

聪明的投机客

本着物以稀为贵的原则，任何罕见的天才都会得到巨额回报。那些认为股票市场就是赌场的业余爱好者，从一开始就错了。他们很容易患得患失，受到亏损时就持有惜售；市场如愿上涨时却过早地落袋为安，接着眼睁睁看着市场一路北上而悔恨不已。所以他们嫉妒投机客，指责他们赌场要诈，遥控骰子和在纸牌上做记号。而事实上投机客们只是做了与他完全相反的买卖行为而已。投机客们就是这样，无论他们多么自信，一旦市场的走势与自己的判断相反，他们会立即抽身撤离。正如古尔德经常表现的那样，他们总是大踏步地将市场抛在身后。我在华尔街遇到过的最聪明的投机客是一名教师，他刚过世不久，是一位以收集古钱币为乐的传统学者，然而他的事业却是投机。他并未在股票交易所大厅中占有一席之地，也未与任何经纪人结为合伙关系；他只是一个普通的投机客，安静地坐在公共报价牌前或者股票报价器的旁边。然而在他身上所表现出来的判断力、研究精神、谨慎的态度以及最为主要的——快速止损的决心和行动力，使得他每年至少赚到 3 万美元。他去世时年纪已经很大了，留下了一笔可观的财富和收藏的古钱币，这些古钱币现在也已经价值不菲了。

他挑选股票的时候总是基于价值分析，并且和市场大趋势相结合。他总是信心满满地买入股票，而且总是方法得当。但是如果市场走势与他预期的走势不同，他则会毫不犹豫地抛出上千股股票，坦然接受每股 2 个点的损失。每当有这种挫折发生时，他就会说如果他不尊重客观事实抛出股票，他就无法做出正确的判断。最初他的资金很少，大约只够培养一名医生或律师的学费，或者支持他们开始执业的费用。但他全神贯注于自己的投机事业，而且毫不自私自利。他总是在牛市初期大量买入关注的股票，当牛市结束之后通常又去欧洲旅行顺便收集古钱币。

不过，他应该不是唯一的一个特例，还有很多像他这样的人。但是我并不是说每个人都可以从事投机行业，即使他具有严格的自我约束以及和那位教师相同的经济条件。如果你有自己喜欢的事业，而且该项事业可以让你生活得舒适，并且让你将来的生活有保障，那么为什么还要参与股票投机交易呢？至少我不会这样做。

锅炉上的压力表

到现在为止，本书已经讨论了一些智力问题和许多非智力问题。其中的一个问题同时具备这两种性质，即经济生活中是否必须有职业投机客的参与。我并不打算把它变成学术上有关经济学的争论，更无意把它变成抽象的道德伦理问题。我的目的只是真实地介绍股市晴雨表，以及它表现出的巨大的实用性。因此在这里有必要说明的是，股市晴雨表的工作机制一点也不复杂。它既不像简陋的三脚水银柱式晴雨表那样简单，也不像高度完善的无液晴雨表那样复杂。关于我本人是否愿意成为一名职业投机客的问题，则是题外话，不在讨论之列。因为我们完全没必要回到2400年前的希腊去学习逻辑推理，才能知道人各有志、强求不得的道理。

分配的重要性绝不亚于生产，而且资本配置也是华尔街的最大功能。职业投机客就像锅炉上的压力表一样必不可少，华尔街就是整个国家庞大无比的金融业蒸汽动力中心，它必须实时掌握蒸汽压力的压强计数，以判断压强是否接近锅炉的最大承受能力。请读者注意，这里不要混淆我的这个比喻，任何人都有一个“安全阀门”，当然，锅炉也有。然而股票市场的作用绝不仅于此，职业的投机客，不论其动机是如何不光彩或者功利，他们都是这个机制必不可少的有用的组成部分。在整个机构的运转过程中，他们可能会变得很有钱，但是这并不是我们讨论的问题的关键。只要股票交易所存在一天，我们就应该去理解它。或许在对股票交易所的不断认识中，我们可以找到可行的方法改进我们的晴雨表，并且增加它的实用性。

专家解读

到底应该如何对待职业交易者、市场操纵者或者投机客？这一问题一直以来困扰着许多人，一方面他们享受着很高的福利工资待遇，有时还能做做老鼠仓；另一方面他们又面目可憎，总是窃取市场参与者的金钱，使用那些并不是正大光明的办法。我相信本章已经给出了客观公正的答案。即专业人士和内部人士的“不公正优势”并不存在，正如利弗莫尔说的那样，投机是一项事业，必须付出大量的努力。只有正视了这一点，在股市中赔了钱的人才能客观公正地看待自己所付出的努力。虽然有时候不成正比，但是长久来看，始终是付出必有回报的。

从道的引文描述中我们也可以发现，所谓操纵，职业交易者、内部人士所能操纵的就是公众的注意力。谁能吸引公众的注意力不离开某只股票半年以上，谁就能成功。这需要心理学和社会学的综合技能，而不是华尔街内部的所谓消息。既然这样，我们为什么不能从公开的走势中，利用股市晴雨表研判未来呢？根本就没有必要去挖空心思打听消息，那是一条邪路，最终将走向不归路。如果说从本章中读者要得到什么珍贵的教训的话，我认为是“失败者的优秀品质”和“聪明的投机客”两段。正是因为我们很多人都不具备这样的优异品质，所以失败者太多。

本章结论：失败者必有其优异品质，职业投机客亦有其独到的方法。如果这都不具备，建议你还是老老实实地做价值投资，相信总有一天价值会回归。

第八章

市场中的各色人等

前文中我们已经说明，而且从平均指数的反应中也可以看出，操纵者对股票市场主要的基本运动不造成，或者说不能造成实际上的影响。能够推动市场基本牛市或熊市的最根本驱动力，是任何操纵行为都无法左右的。但是在道氏理论中的其他运动：牛市中的次级下跌走势或者熊市中相应的次级反弹走势，或者无时不在的第三种运动——日内波动，操纵行为还是有施展空间的。即便在这种情况下，这种操纵行为也只是对个别个股或者小板块中的某只龙头股有效果。墨西哥石油公司股票（Mexican Petroleum）恰好满足了这一条件，投机客们偷袭石油板块，或者动用空头账户进行卖空，会轻而易举地达到短期内吸引公众注意力的效果。就这个实例而言，操纵行为可以洗掉一些意志不坚定者，或者达到迫使公众看跌行情的目的。这类专业性的“抢帽子”活动经常是次级折返走势的标志——当然操纵者也需要外部的氛围来配合，那样效果才会更佳。

交易者和赌徒

市场中每一个基本运动，无论是牛市还是熊市，都经常会走过头。就像一些交易者说的那样，牛市时从不缺乏看多做多的志同道合之人；或者相反，熊市时的“融券人群”又表明有太多做空者在借入股票。股票经纪人把股票借给卖空的客户时，甚至会收取一定的费用，这被称作溢价。在伦敦交易所这被称为“延期交割费”。这时候就是职业老手们获利的良机。他们常常在超卖的市场中买入股票，或者通过试探性的抛售来测试承接盘的力量。小投机客——尤其是小赌徒们被职业老手们玩弄于股掌之间。他们是“秘诀”和“直觉”的追随者；他们并不会认真研究自己的交易对象；他们获取小道消息时不加甄别与分析，即使是真的消息，也因他们缺乏判断消息优劣的能力而不能采纳。总之，首先，他们对股票市场来说无关紧要，没有他们市场也会运转得很好。所以，如果认为股票市场必须依靠他们或者和他们类似的人才能运转，那就大错特错了。其次，虽然交易所里的每个工作人员都会信誓旦旦地对你保证，他们的客户一直都有着非常灵通而可靠的消息。但是，如果愚昧无知的人非要参加一项对专业知识需求很高的游戏，和深谙游戏规则的专业级别的老手们在一起竞技，那输了钱当然就只能怨自己了。最后，他们其实就是那些大声咒骂华尔街的人。华尔街的大多数经纪人花费了很大一部分时间，来保护人们避免遭受因为自己的原因而带来的损失。当然，这种工作出力不讨好。

众口铄金

但是，我们应该能够很明显地看出，以上的描述并不是投机行业的主流。上文描述中的投机行为和主流交易之间的关系，就和市场的基本趋势和日内波动的关系一样。当然，不同的人理解能力不同，知识结构也不同。但是如果认为投机股票交易是（至少在上涨期像）一种赌博，在这个游戏中没有真正的胜利者，有人赢钱总要有人输掉相应的钱才行，那就大错特错了。因为在牛市中不存在输钱的人。次级折返走势中被清洗出局的人，因持股意志薄弱只是损失了一部分利润而已。而在牛市的沸腾时期，绝大多数人已经丧失了理智，很难对价值作出判定，潜意识里总认为自己能够把股票卖给比他们更贪婪的人。事实上，正是这种人最容易受到伤害。

如果说到指责华尔街，没有什么比“众口铄金，积毁销骨”更贴切的了。挪用公款的银行雇员常常属于这一类人。他的全部交易记录都有案可查，但是法庭很少会要求他准确陈述他的投机情况。他对自己的赌博和嫖娼事宜只字不提，也绝口不提费尽心思使用别人钱财的种种狡诈手段。只是口口声声说“华尔街抢走了”自己的钱。于是很多心地善良的人从心底里原谅了他，完全不用费心思去了解华尔街最简单的功能，却心怀恐惧地记住了一个罪恶的金融区。

小投机客或者失败的投机客总是抱怨自己没有能力在股票市场中赚钱，但是他们从来不去想这其中的真正原因。这些人随便道听途说了几句专业术语，就拿来忽悠那些比他们更不了解股市的人。他们喜欢公开指责“专家”和“场内经纪人”。他把他们与赌场的赌桌管理员视为同类，甚至不如后者值得尊敬，因为他们坐庄出老千的机会要大得多。或许应该指出，就场内经纪人来说，他们确实具有很小，同时又很实在的优势。但是这种优势只对那些新手有效，这些人仅凭猜测就想在赌场里快速致富。没有哪个称职的经纪人会鼓励一个门外汉这样做，而且我在华尔街的许多老相识经纪人，他们在碰到那些极易成为负担而不是财富的人时，唯恐避之不及。

场内经纪人和买卖差价

这里我不打算把本书写成介绍华尔街和股票交易所的实务教程，在这一领域已经有非常优秀的著作了。这里我想做的只是弄清楚股市晴雨表的结构，特别是那些我们认为会影响到晴雨表的事情——不管这个认为是正确的还是错误的。我们有足够的理由说，一个“场内经纪人”必然是股票交易所的雇员，而且经常是某家经纪公司的合伙人。他不受外界干扰地工作，单独行动，也不收佣金。与场外的投机客比较起来，他的优势就在于买卖差价，即市场中买价与卖价之间的价格差。股票市场越活跃，这种价差就越小，平均水平在0.25%左右。假定美国钢铁公司普通股的买进报价是90.25美元、卖出报价是90.5美元，那么发出卖出指令的客户不可能希望得到90.25美元以下的价格。反过来，如果他想买进就必须支付90.5美元。大厅交易员经常可以为自己保留这种价差或其中的一部分——当然不能损害客户的利益。比如他可以在90.375美元成交，甚至可以按照客户的指令卖出价格成交。无论怎么做，他的行为都会对日内波动产生影响。而实际上场内经纪人能快速交易来赚取价差，但是场外的投机客则不能。这些场内经纪人的日常习惯就是，每天闭市时必须保持账面平衡之后才能回家，偶尔出现损失他也会欣然接纳，要是账面刚好平衡他也会很高兴，更不用说盈利的情况了。

借鸡生蛋

现在情况很明显了，作为场内经纪人，他们的优势就是能够拿走一个点左右的利润。如果客户想要自己得到这0.25%的买卖价差，就必须向买卖双方的经纪人各支付法定的0.125%的佣金才行。这样一来，看起来就真的像是一次赌博了。当双数能赢钱的时候，他却把重注压在了单数上。这常常是“对价行”[①] 建议客户做的事。因为这类对价行的经营策略就是时刻瞄准新客户，只要一有机会就尽可能地把他们洗劫干净。客户的指令根本没有在股票市场真正得到执行，这样他们就有极高的利用客户资产、自己作交易商的机会。但是利用客户的钱财进行投机的行为，并不是股票交易所中的正常现象，如果举报的话，警察可以阻止这种事发生。而我们现在正在考虑的是，把股票交易所本身和交易所中的投机行为融合起来，作成一个交易晴雨表。

---

① 指非法经纪公司。——译者注

让老客户满意

假如客户是一位依据价值买入的投资者，而且他的保证金充足，或者有能力直接拿现金交易，并且对自己买的股票有着坚定的信念，相信它在价格上涨很多之后对公众仍然具有吸引力，那么这点交易佣金和市场价差就算不了什么了。他就是股票交易所想要竭诚服务的客户类型。有一家从1870年持续经营至今的证券经纪商最近改名了，它至少拥有一位它服务了50年的客户，许多人都在20年以上。这看起来似乎并不像外界传言的那样，门外汉总是在华尔街输钱，或者经纪商并不是非要让客户赔钱自己才能盈利，否则这些客户早就改弦更张了。

证券经纪商和其他商业行业一样，一直致力于发展新客户，就像报纸和杂志希望拥有新订户一样。然而有经验的经纪商会告诉你，虽然广告手段能招揽新顾客，但是要想让他们留下来就只能靠无私的忠诚服务。我也经常会很奇怪地发现，在华尔街真正成功的经纪人都是那些不善言谈的人，他们成功的经验就是保持缄默，而且他们从根本上就不太善于交际。大多数情况下，不成功的经纪人往往掩饰不住自己的失落感，而且正是因为这一性格缺陷才变得能言善辩。他们习惯于说得太多而思考太少。

无需辩护

本书并不是为华尔街辩护。我们的老朋友，并不讨人喜欢的教父乔治三世（George III），并非因其智慧而赢得声望，但是当他收到沃特森主教的得意之作《圣经的辩护》时却问道：“圣经还需要辩护吗?”同理，本书中如果能仅仅只是解释清楚股票市场的一部分机能，我们就已经很满足了。因为这对我们更完整地理解全国经济晴雨表的本质和实用性大有裨益。

某些股票的“专家”，也被人称为“股票经纪人”，或者更贴切一点更像伦敦股票交易所的“交易员”。场内经纪人的交易对象一般只限定在一两只活跃的股票上，并被信任接受其他股票经纪商的委托订单。但是他们一般很少能被人理解，还经常受到许多诋毁。在公众的印象里，他们习惯性地，或者至少是偶尔会滥用自己受信赖的地位。有时市场出现了不同寻常的暴跌走势，为了减少客户的损失，一些专家会在数量众多的股票上设置卖出“止损单”，价位在市场价格的大约 1 个点以下，届时经纪人会通知客户执行止损单来减少损失。有人会认为，这种下跌是专家为了自身的利益而主观造成的①。可是事实却是，即使他只是涉嫌有这样的操作，就会砸掉自己的饭碗和声誉。不过最近确实有一个因此失去了交易所席位的经纪人，但是这也是我记忆中唯一的一例。

场内经纪人的交易是口头完成的，不需要纸质合同，甚至也没有见证人。但是交易双方绝对信守承诺，迄今为止，我从没见过场内交易经纪人出过问题。当然，偶尔的误会是在所难免的，但是这些也能通过正常的途径得到解决。场内经纪人和雇用他的经纪商之间有着千丝万缕的利益关系，在这一点上，他们不像其他任何处于类似核心职位的中间人那样独立，而且如果没有这一层利益关系，他们就无法客观地完成场内交易。所以股票投资人才是他们赖以生存和工作的根本。

专业交易员的有限影响力

那些活跃的空头交易员对平均指数有什么影响呢？他们的作用应该视情况而定，在基本的市场运动中，他们基本上可以忽略不计；在次级

① 专家们先卖空，然后让客户都执行止损单，这样他们就会在下跌中获利。——译者注

折返走势中，他们作用有限；而在日常波动走势中，他们却能对个股兴风作浪。这样的作用对我们的股市晴雨表来说根本就不值得仔细考虑，要知道平均指数所选取的样本股中，20只铁路股票和20只工业股都是经过严格挑选的。包括遵守纽约股票交易所严苛的上市要求，定期按要求公布经营状况的各种数据。不可能存在有市场价值的所谓“内部机密”，能对40种样本股中的哪怕1只产生影响。

有时会出现这种情况，成分股中的某家公司突然宣布取消分红或则增加分红额度。当然，如果事实确实来得令人措手不及的话（这很值得怀疑），这会对该公司的股票产生影响。可是当这种影响波及到同一指数中其余的19只股票时，基本上就可以忽略不计了，而且在我的记忆中也没有任何这样的例子发生。但是假设意外的分红事件让股价波动了10个点，那么它也只能让平均指数波动0.5个点。如果意外的分红事件并不是公司基本面的根本变化引起的，那么这种情况就会立即得到修正。总结一下，我们现在可以十分肯定，如果确实存在这种变化，那么它早已在股票市场的走势中被反映出来了。市场比上市公司自己，甚至它的任何董事都知道得更多。

做空的必要性和实用性

我们不打算在此讨论做空的道德问题。除非你愿意再多亏损一次，否则熊市中做多不可能获利。而即使是最糟糕的牛市，如果一个人严肃认真地对待自己的交易，也能从他人已经获取的利润中收割一部分。但是，喜欢做空的交易者对交易任何东西的自由市场来说，都是利大于弊。事实上，如果市场中不存在做空行为，那才是真正危险的，因为在其发展的任何阶段可能都会出现查无实证的恐慌。伏尔泰曾经说过：“即使没有上帝，也必须要创造出一个。”做空也是这样，它的历史一定已经很久远了，甚至可以追朔到伦敦股票交易所的前身，在伦敦柴思胡同的乔纳森咖啡馆（Jonathan's Coffee - House）[①] 进行股票交易活动的时候，就已经存在做空行为了。

从那以后，卖空行为很快就变成了公开而且是不可或缺的交易行为。奇怪的是，伦敦股票市场的几次严重崩盘并不是因为疯狂的股票投机行为，反而是因为被英国法律所禁止的卖空银行股行为。当时由于意外的压力所引发的伦敦巴林（Baring）银行危机[②]异常严重，政府没有能力提供足够的资金支持，导致多家银行出现资金恐慌。银行股的价格在毫无有价值支撑的情况下被没有保证金的空头账户袭击。也正是因为这个例子中政府支持的缺失，所以只能由临时拼凑起来的银行家联盟来弥补下跌造成的巨大损失（无法通过卖空来对冲损失）。1922 年，伦敦股票交易所在原来的基础上得到重组，英国议会也本着摆脱政府过多的干预和管制的原则，废止了原有的禁止卖空银行股行为的法律，也修改了相应的银行股保护条例。至此，一直都是公众最佳安全保障的卖空行为，才得以完全彻底和永久地解放。

保护对上市公司的要求

20 年前，查尔斯·道在撰写述评之时，主要讨论的是投机行为，只是不经意地提出了他的市场运动理论。现在工业平均指数中的一些股票，当时还是在股票交易所大厅交易，属于未上市证券部管辖的股票。很难想象《华尔街日报》今天会撰文称道琼斯平均指数中的某只股票公司存在非法募集资金行为。但是在亨利·哈沃米尔（Henry O. Havemeyer）所处的年代，报刊文章却会毫不犹豫地把这一称号赋予美国糖业公司

---

① 1698 年，英国人约翰·卡斯塔因在此进行了股票交易活动。——译者注

② 这次危机起因是巴林银行承购了太多的阿根廷国债，具体数量有 4200 万英镑之巨，而阿根廷则出现了由小麦产量下降引发的严重政治斗争，国内形势恶化导致其国债崩盘。——译者注

(American Sugar)。纽约股票交易所取消未上市证券部是最值得称赞的内部改革之一。然而这个行动当时也受到了某些保守的交易所会员的强烈抵制，主要是那些邪恶的既得利益者。一位离任的交易所主席（现已故去），曾在他的客户面前大声指责我力主这次非常必要的改革的行为，他认为正是我们这些煽风点火的人，正在让他逐渐失去赖以谋生的华尔街业务。当时他把我现在任职的报纸，和与我相关的金融新闻服务杂志，一起扔出了办公室。

但是他的客户却马上要求他捡回报纸和杂志，这真是令人羞愧。现在，美国糖业公司和联合铜业公司（Amal - gamated Copper）等以前未上市的股票，仍然在交易所的大厅中交易。这些公司非常明白，由于它们拒绝遵守适用于著名公司的同样的公开披露条件，公司的管理层已经备受质疑。虽然股票交易所向来都会对外部人员提出的改革建议持怀疑态度，这也是人之常情，但是我从未听他们自己提出过恢复未上市证券部的建议。

联邦政府的干涉

在较早的讨论中我们提到，为了保护公众的利益，有时需要采取进一步的行动。与其颁布不切实际的法律条文，令诚实的公司感到尴尬，不如颁布能有效制止诈骗行为的法律条文。这里我们简要介绍英国在保护投机者和投资者方面的成功经验。根据1908年的《公司法》，只要证券在伦敦的萨默塞特事务所（Somerset House）登记核准，伦敦股票交易所就可以对其进行交易。这种登记只有在最全面地披露了公司的目的、合同、委托责任等之后才算完成。无论公司创立目标的风险有多大，投机者都可以从一开始就对它有足够的了解。在这些工作完成之后，根据该法案，旧有普通法的“一经售出，概不负责”——让买者当心的法则仍然适用。一般认为以下的想法是正确的，当购买者以1先令的佣金在萨默塞特事务所了解到有关公司资产来源和当前状况的全部信息时，他就可以也应该可以保护自身的权益了。

毫无疑问，肯定会有很多类似萨默塞特事务所这样的公司，联邦政府想用立法手段，通过限制信件来往来限制它们可能的欺诈行为，从而达到保护公众的目的。我相信这肯定能得到很好的执行，当然也应该严格地加以贯彻。尽管纽约股票交易所的终极职责在于保护它的成员和客户，但是纽约抑制市场协会（New York Curb Market Association）本质上只是一个未上市的证券部门。所以我没有理由认为它的管理不称职或者不诚实，当然也不能对它的成员指手画脚。但是总有一天它将会变成危险和丑闻的根源。如果它的成员们认为，完全彻底地对外公布自己交易中的每一件事，就会损害到自身的利益，那么它们就会和那些不明智的纽约股票交易所成员一样，犯下同样的错误。后者总是逃避一些出力不讨好的差事，例如监督工业上市公司是否遵守上市公司章程，否则将摘牌处理。

真正的内部改革

我不赞同近些年来出现的“改革”，因为其推动者带着炫耀和无知的态度，而同时又代价昂贵。在我个人的经验中，股票交易所的标准一直在朝着有利于投资者的方面稳步提高，当然也包括小投机客——毕竟他们也算是投资者的初级形态。在查尔斯·道所处的年代，遵守惯例是一切行为的标准，然而如今看来则根本不能容忍。由于现在股票交易所的信息披露制度要求，已经不可能让类似联合铜业这样的公司说服最草率的个人投机客相信，新的重组会让它的价值达到现在票面价值的四倍。所以在未来的任何牛市中，都不再可能出现詹姆斯·R. 基恩在推销联合铜业公司股票时所采用的那种操纵行为了。然而即使在那个年代，“虚假交易”很大程度上也是公众的主观臆想，而且“对敲交易指令”是任何一家信誉良好的经纪公司都不会接受的。今天反对虚假交易的规则无论在口头上，还是在实际行动中都得到了执行。无论如何，即使在40年前，新生的美国工业巨头们已经意识到自己的强大实力时，它也绝不仅仅是一纸空文。

专家解读

我们天天浸淫其中的市场到底是怎样一种构成？除了我们熟知的三种基本市场运动之外，市场的参与者和管理者也至关重要。如果管理者频频出老千，那么参与者唯有赔钱一条路；相反，如果管理者本着公开公平公正的三原则，认真做事，毫不为利益的驱使而做蠢事，那么市场的命运就由参与者来抉择了。前者我们无能为力，我们只能选择相对公平或者适合我们的市场来操作，在经济全球化的今天，选择另外的市场只不过是手续上稍显繁难而已，互联网已经能满足几乎在全球任何一个地方交易的需求。

市场参与者大约可以分为两类——交易者和赌徒。细分一下又有场内经纪人、职业投机客、职业投资者、业余投机客和赌徒。我们不用定义也可以从名字中大致窥得每类人的特征。毫无疑问，经纪人是靠佣金生活的，只要你不停地交易，不管资金量大小，你都是非常受欢迎的，他们希望客户最好每天不停买卖。职业投机客或者投资者都是专业级的市场人，他们就是靠这个吃饭的，敏锐的嗅觉和对市场的感觉，各种操作技巧的娴熟运用，这个自不必提。他们的成就大约最终会取决于每个人最终的修炼成果，更多的是依赖于交易技巧之外的其他优秀品质。业余投机客和赌徒会快速地失去他们的金钱。

另外我们应该纠正两个错误的观点。第一，认为经纪人能够做一些比我们更为内幕的操作。其实他们的活动范围和能力有限，影响力也是有限的，尤其在信息时代的今天。你很容易会发现，你在证券交易所工作的同学所得到的信息，并不比你先进多少。前提是你是一个认真研究市场的交易者而并非希望不劳而获或者是个赌徒。第二，认为卖空是缺乏道德的表现。常常可以看到每逢股市大跌或者行情不好时，有很多人会呼唤政府或者管理层出来救市。这个逻辑非常奇怪，行情好，你们大赚其钱的时候为啥不呼吁管理者出来分享成功的喜悦呢？市场中既然存在下跌，那么就存在做空。事实上做空没有任何道德问题，唯一需要关注的就是，一定要小心谨慎。

本章结论：市场中形形色色的人各有自己的命运，决定因素正是他们自己的努力程度；场内人员影响力有限，监管层需要摆正自己的位置。

第九章

晴雨表中的“水分”

我竭尽所能来简化这些讨论，同时极力地排除一切无关因素，但是这些讨论仍然引发了一系列的连锁反应。大部分都是批评和议论，当然其中也不乏积极有益和极具建设性的评论。但是古老的成见和偏见依然存在。有一位缺乏常识的批评家，看起来似乎只不过是源于读了两篇相关文章就大胆地写道：“如果我们连股票交易所里交易的股票都不相信，怎么可能相信你的晴雨表？你们对估值过高的问题避而不谈，这其中的水分有多少呢？”

打了折扣的劳动

现在的美国，偷工减料的行为比以往任何时候都更不受欢迎。但是美国的金融中心，作为一个国家的颜面，与关注打了折扣的资本相比更关注打了折扣的劳动——花 100 万美元建造工厂或公寓，实际上只需 50 万美元。挤出这些水分的办法只有一个，就是破产。

在第一次世界大战之前，纽约经历了一段高工资和“蓄意怠工”时期，当时建造的隔成公寓的写字楼都在房租涨价之前进行了一定的重组，这主要是因为建筑过程中劳动的水分太多。股票市场有一套迅速见效的简单方法来处理掺水股票，该方法存在的目的就是为了拧干水分。整个处理过程不牵扯破产清算程序。

可能正是“水”这个单词回避了问题的实质。因为你没有发现建立这样一家大型工业公司的潜在价值，所以你可以说该公司的集资活动是

“有水分的”。然而如果能更公正地，而且更具远见卓识地看，已故的 J. P. 摩根会把这次集资看做一次聪明的预期增长。我将以美国钢铁公司最引人注目的集资活动为例，向读者证明：无论集资活动的性质如何，股票市场将永远把价格调整到与价值相适应的程度。毋庸讳言，股票价格中的水分会被迅速蒸发掉。

挤出水分

现在我们重新叙述一下本书的要点，我们目前的研究对象是股市晴雨表，并且已经研究了它所包含的有规律可循的已知运动——长期的基本走势，次级折返下跌或反弹走势，以及日常波动。为完成研究工作，我们正在讨论两个板块的股票——20 种工业股票和 20 种铁路股票——构成的平均指数。这些股票的个股价格调整都必须主要以其本身的价值为基础。出于实战的目的，股票交易所是一个开放的市场，这种类型的市场中的人物为各种相互矛盾的价值估值，找到一个共同基础，这在形式上表现为价格。20 年前，詹姆斯 · R. 基恩通过操纵行为把联合铜业公司的股价提高到 130 美元，而那些没有按此价格购买这只股票的金融家们，显然认为它最多只值 100 美元。虽然说股票市场的调整不是一天就能完成的，但是之后不久，在一个牛市中，联合铜业公司的股票就从它的历史最高价位轻松跌穿了 100 美元。这也从另一个侧面说明了市场对价值估值的认可。

这就是股票市场的功能。它必须同时考虑基本价值和发展前景两方面的因素。在一次基本熊市运动即将落幕之时，价格将会跌至价值线以下，价格清算的动机是如此强烈，以至于人们不得不以低于正常价值的价格出售自己持有的股票，或者甚至更低，低于股票的账面价值——公司净资产的价值，即不包括生产能力和商誉的价值。有时在场外交易的“低价值股票”，会对标准股票的价格造成负面影响，因为任何银行都不会接受场外交易的低价值股票作为贷款抵押品。当银行被迫收回股票抵押贷款时，首当其冲地受到冲击的就是那些有确定的价值，管理出色的公司股票，因为它们是充当银行贷款的抵押品。场外交易市场的股票种类总是经常更新，且具有极高的投机性，然而由于这里交易的股票数量有限，而且场外交易需要更高的保证金，所以实际上，在场外进行的交易还是有保障的。

股票收益和所得税

相应地，股票价格在牛市开始的时候，其价格严重低于真正的价值，而当股票市场预见到国家整体的经济状况会全面改善之后，无疑会增进人们对股市乐观前景的预期。在牛市的逐渐发展中，价值将被高估；当牛市接近终点时，事先不明真相的公众，在牛市开始时未能意识到股票的廉价，现在开始仅凭股票的预期前景而大力买入。经验丰富的华尔街交易者都知道，当电梯服务员和擦鞋人开始索要牛市小费时，就应该卖掉股票去钓鱼了。

1919 年 10 月初，我乘船到欧洲去报导英国和德国的经济形势，而当时的股票市场人气高涨，乐观的大众并不知道，他们正处于一次长期牛市的最后阶段。当时关于牛市的论调非常奇特，它认为获利很多的人不会卖出也不可能卖出股票，因为他们在把账面利润变为现金以后，当年的个人所得税会因股票的额外收入而大幅增加，相当大一部分会被征税人拿走。而当时我们正在毛里塔尼亚号（Mauretania）客轮上一个烟雾缭绕的酒吧里，分析这一荒谬的观点。船上有一部分商人立即表示不惧怕高额的股票收益附加税，决定准备和山姆大叔（Uncle Sam，指美国）一起瓜分自己的利润。这场辩论实在是荒谬之极，因为辩论中所描述的多头账户只是一种假设，事实上它是最容易受到攻击的多头账户，这要是允许明目张胆地开枪，即使是最拙劣的狙击手也能把它打得千疮百孔。

波涛汹涌的大海不但冲走了毛里塔尼亚号的五只救生艇，而且还在那次航行的最后三天中使无线电装置陷于瘫痪状态，我们彻底与世隔绝了。客轮抵达法国的瑟堡时我们才得知，股票市场已经开始脱离牛市，我们再也不用担心支付超额个人所得税的问题了。因为到了那一年年底，那些账面利润已经迅速消失得无影无踪了。

分散的股票所有权

一个超买的市场所创造的虚假高估价格，绝不会得到永久的支撑。所以普通投资者保护自己的重要手段之一，就是持有所有权高度分散的股票。如果华尔街的某一利益集团实际上几乎完全持有某种股票，例如斯图兹汽车公司的股票，那么这个集团就可以随心所欲地定义该股的市场价格了。因为并不存在一个真正意义上的市场，所以这不是“市场”价格。亚伯拉罕·林肯（AbrahamLincoln）很久以前曾经说过：“你不能先把狗的尾巴定义为腿，然后说狗是五条腿的动物。”平均指数中的所有股票，其所有权都很分散并且分布合理。以宾州铁路公司（它是所有平均指数成分股中股本最大的），或者总量达550万股的美国钢铁公司普通股为例，每位股东平均持有的股票总数不超过100股。对于公众而言，这个数字本身就代表着安全性。

“企业估值”和市场价格

在本章的开头，我们曾引用了一位读者的质疑：“其中的水分又有多少呢?”或许现在我们可以回答这个问题了。首先，这位读者并不能指出平均指数中含有任何的水分。其次，我们还可以进一步告诉他，他也不能向我们证实整个股票交易所的股票价格（而不是名义上的票面价值）

中含有任何的水分。例如铁路板块的股票，就算是任何由国会制定，并且由州际贸易委员会负责实施的具体的价值评估方法，都无法完全匹配正常年度的正常月份中的具体的股票价格。这里的价格既不受高估前景的乐观情绪影响，也不受为保护不可出售证券和已有头寸的利益而变现的抛售影响。这些已有头寸的变现和这些指数成分股公司毫无关联。

在股票市场中，价格的调整过程一定包括了已知的一切知识和信息，且它们不会受到任何操纵行为的影响。所谓自由市场，就是指在价值评估时必须综合考虑产品价值、不动产价值、特许经营权、通行权、商业信誉等诸多因素。这是任何由国会任命的评估委员会都难以企及的。如果说州贸易委员会对铁路公司的评估有什么价值的话，那一定是历史价值。因为在真实的价值评估过程中，即使是选定的评估方法基本正确，等到它将结果印刷出来公布的时候，有时甚至是在公布前的几个月就已经过时了。但是股票交易所的价格却日复一日、月复一月、年复一年地记录着价值，从牛市到熊市，从杰文斯周期（Jevons's cycle）中的一个到另一个，从未中断过；而且美国和其他文明国家的银行家们都认同这种市场真正的评估方法，并积极地投入真金白银。他们可不会理会州际贸易委员会所作出的不靠谱的所谓估值。

对股票掺水的迷信

认为凡是股票就一定会掺水的迷信观念，几乎愚弄了整个美国。而且其程度之深，令人咋舌。如果按照每公里所投入的资本量来计算，美国铁路股票和债权的资本总量，还抵不上英国的五分之一，就算是与欧洲和英国的殖民地政府或私人所拥有的铁路比较起来，也有一定的差距。可是就是这样的铁路股也被认为是典型的掺水股票。在这里我要义无反顾地大声疾呼，美国铁路股的真正价值，被严重地低估了。不但如此，人们还指责工业股票同样被掺了水，这太荒唐了！事实上股票市场在

1921年给出的工业股价格，不只是从这些资本中挤出了水分，而是挤出了血。

就在我写本书的时候，美国钢铁公司的普通股价格是每股不到80美元，可是如果我们严格地分析这家公司的信息——它提供的信息是当今世界最全面、最完整的，很容易就会发现它的普通股账面价值达每股261美元。公司成立的20年内，新增投资10亿美元，其清查账户表明，由收益结转的新投资仅有2.75亿美元，可见其中的水分非常之少。它的速动资产大多数都是现金，仅此一项就超过6亿美元，足以使它的股价达到120美元，而这还只不过是冰山一角而已。那么请问水分在哪里呢？5.5亿美元的普通股资本看上去很庞大，但这只是相对的。摩根明智地把这称为“聪明地预期增长”难道不对吗？倘若他的灵魂能再次重返人间，通过朦胧的月色看一眼我们的世界，他一定会对自己当年的节制感到惊讶。

但是很有必要指出，美国钢铁公司普通股和优先股的发行之时，适逢一个气势如虹的牛市，是操控股票的最佳时机。已故的詹姆斯·R.基恩主导了这次历史上最为惊人的操纵活动。这次操控事件最后如何了呢？由于其目标是把普通股以50美元价格出售，且优先股按照面值抛售。如果当初以这个价格买入股票的人，买过之后便将其束之高阁，那么即使是经历了不同寻常的漫长的熊市下跌，以1921年8月这样的熊市最低点时的价格来算，他也是赚钱的。

依价值买入

至此，在讨论美国钢铁公司股票这件事上，有人可能会指责我过于乐观，原因是我在公众面前的说明过于简单，一定是隐藏了什么——看看，我们又一次遇到了人们对华尔街根深蒂固的偏见。不过我所说的都是事实，任何人都可以去查证，对于美国钢铁公司这样的知名企业，资料都是免费且公开的，至少这些数据对于那些在1921年卖出该股的人都耳熟能详。那么他们为什么会卖出股票呢？仅仅是因为当时几乎所有的人都因需要钱而卖出股票，他们也是如此吗？

类似的事件还有滑铁卢战役（Waterloo），在战役结束的前一周，内森·罗斯柴尔德（Nathan Mayer Rothschild，罗斯柴尔德家族成员之一，该家庭是欧洲乃至世界久负盛名的金融家族）开始以54英镑的价格购买英国统一公债（British consols）。他的一位朋友问他，你为什么能在前景还不明朗的情况下，如此有信心地进行购买呢？他回答到，如果前景确定了，统一公债的价格就不会是54英镑了。他知道，正是因为这种不确定性，价格必然是低于价值的，而且当时适逢人人都急需要钱的时候，而他恰好又是为数不多的有钱人之一。另一位传奇人物罗素·塞奇（Russell Sage，狡猾的股票投机商和铁路大亨，其巨额财富的来历无法合理说明），我认为没有人能知道他是如何发迹的。但是他确实能在发生恐慌时手头持有大量的现金，而且比华尔街的任何人都多。他对能变现的各种资产情有独钟，速动资产、流动资产、可随时兑换的短期票据，以及短期存贷款等。他这么做并不是喜欢敛财，而是为了能在大多数人丧失价值判断力的时候，自由地买入他们抛售的资产。

罗素·塞奇的逸闻趣事

所有关于罗素·塞奇的故事都是关于他异常的节俭行为的，但是这并不是我想在此谈论的，而且我也不愿意称这种行为是吝啬，因为他根本不是一个吝啬的人。记得最后一次看到他的时候，我还是一个年轻的记者，或者说至少是个阅历尚浅的记者。当时我正极力打听一家铁路公司的内幕消息，这家公司由他和另一个金融家所控股，后者在美国国内毁誉参半。谎言在华尔街是很容易被戳穿的，所以我只好坦白一点，那位金融家故意向我透漏了一些信息，现在想来，如果当初不是因为我特别谨慎，还就真的被他欺骗了。由于塞奇先生对记者总是来者不拒，于是我找到塞奇先生，想听听他的谎言与那位金融家有何不同。也许他俩所编的故事中存在着矛盾，说不定我还能从中推敲出有价值的东西来。

他非常友好地接待了我，实际上只要不是为了借钱来找他，待遇都是这样。然而我一提出我的问题，他就立马转移了话题。

他问我："你了解吊带裤吗？"

我有点恼火，但是仍然很诚实地告诉他，我对吊带裤的了解，并不比其他穿吊带裤的人多。

"那你看这条怎么样？"罗素叔叔说着递给我一条吊带裤。这条吊带裤显然比不上当时记者的普通穿戴，而即便是记者们的穿戴，在当时也算不上奢侈。

"这条裤子怎么了？"我问道。

"嗯，你认为怎么样"，塞奇说道，"我花了 35 美分。"

当时或许是因为没有得到想要的信息，我存心报复地回答道："你上当了，你可以花 25 美分在海斯特街（Hester Street）买到一条更好的。"

塞奇满脸狐疑地看着我说："我不信。"

但是我知道他真的很在乎。这不是多花 10 美分的问题，而且我也没有真的去海斯特街问过价格，但这是一个原则问题——他判断价值的能力遭到了质疑。

价值和平均指数

故事讲到这里你应该知道罗素·塞奇的原则了，他交易的对象都必须有价值。他必须了解那些价值，正是因为做到了这一点，才使得他明显异于常人。他死后留下了 7000 万美元的遗产。股市晴雨表能向我们展示某只股票现在和未来的价值。所以我们有必要认真读懂它，以判断股市的长期运动是否会把平均价格带至价值标线以下还是以上。自从查尔斯·道于1902年年末去世以后,《华尔街日报》发表了众多的分析文章,纷纷把股票市场作为基本经济状况的指南。我在翻阅这些文章时发现,有一种典型的运用平均指数的方法,尽管我本人认为这不过是个常识性的问题,但是却可能对读者有着非同寻常的意义。如果有人总是在你耳边说“我早就跟你说了”,这实在是最令人讨厌的说辞,但是我的解释却更加客观。

谨慎而正确的预言

对平均指数最严苛的考验,莫过于牛市和熊市的转换期间了。1902年9月份开始的熊市在1903年的9月份到达最低点,之后又经过几周甚至几个月的时间,才能确定地认为基本运动方向发生了变化。但是在回顾了近几年基本健康的经济发展趋势之后,1903年12月5日,《华尔街日报》撰文称:

“考虑到这一时期美国国民财富的惊人增长;考虑到铁路里程的增长远远低于其收入盈余的增长率;并最终考虑到可供分红的收入盈余的增长率一直高于市场价格的上涨幅度,以及该盈利在当前的市场价格中所占的比例远高于以前的任何繁荣时期。我们或许应该提出这样一个问题:股市的下跌是否已经到头?至少已经有一些证据对此问题做出了肯定的回答。”

牛市的确认

也许会有人说,就算是没有平均指数的帮助,也能够得出同样的观点,但是在当时重新出现基本熊市运动的可能性仍然很大的时候,上述观点就已经非常清晰地描述了价格的运动方向,这不能不令人佩服。它正确地预示了牛市的到来,考虑到这种预测本身的特点,以及分析股市的方法还不太成熟的客观事实，它同时也保持了应有的谨慎。平均指数所预示的牛市贯穿整个1904年，一直持续到1907年1月才宣告结束。在这篇预测文章发表9个月以后，《华尔街日报》又一次遇到了几乎同样困难的问题，即已经全面发展的牛市是否还会持续下去。值得注意的是，当时的股市已经连续上涨了12个月，而且据观察，这种上涨势头还在得到进一步的增强。这时是否应该至少对价值进行贴现估算？《华尔街日报》在1904年9月17日写道：

“目前仍然没有明显的证据表明，铁路股的价值在整体上还没有达到最高点，而且随着时间的推移，价格还将继续推高。这一切都取决于今年年底时各种情况都明朗之前，无论结果如何，届时都会清晰地给出价值的基本趋势方向。长期来看，价值决定价格，因此我们可以确定的是，如果仅是维持现状，那么现在价格还没有达到平均指数的高位。”

“我们有必要进一步指出，黄金产量的持续增长，也是一个非常重要的推动价格的因素。将来我们一定会感觉到它所带来的两个直接后果——固定收益债券价格下跌，股票价格上涨。”

道氏理论的辩护

认真研究引文的最后一段，我们确信，持有的固定收益债权价格下跌了，而生活成本却提高了。并且因为黄金是世界通用的价值标准，所以更多的黄金意味着美元的购买能力下降。但是这种言论会刺激投机行为，虽然出售债券的公司认为，任何影响其业务的言论都是“不友善的”，但是在1904年，也就是文章发表的那一年，股票市场最终仍是明白了这个道理。当然，这些言论并非说教，因为道氏理论当时只是刚刚开始为人们所知。随着时间的推移，我们应该看到这个理论对市场及其前景的论点也越来越明确，这足以说明，当道建立了合理的分析方法之后，股市晴雨表在很短的时间内就证明了自己的实用价值。

专家解读

如果你购买了股票的公司财务造假怎么办？公司自己操纵自己的股价玩套利，并附之以相应的虚假业绩报告来配合，这种事屡见不鲜。我们在讨论上市公司有没有在财务报表上造假，主营业务以及实际运营方式有没有造假这种事时表现出来的担心，实际上已经影响到了股市晴雨表的表现，使得晴雨表看起来“水分”很大。而实际上虽然这种情况无法从根本上避免，我们只能制定严苛的惩罚措施来对上市公司的经营者进行惩戒，但是对大多数主流的公司而言，要想做到这一点谈何容易，尤其是在信息高度发达的时代。我们一方面要摒弃那种认为凡是上市公司皆造假的主流思潮，另一方面也要认真考虑股票的真正价值估值，因为这才是我们交易的主要依据。任何脱离了价值的交易，都应该被视为投机或者赌博。

怎样才能避免交易中遇到这样的股票，作者观点是投资于所有权分散的股票。因为相对而言，这样的股票并不是由哪一个或者几个持有者说了算，股东们不容易和上市公司勾结造假。相对而言，这类公司造假所要付出的代价和成本较为高昂。但是我们多年的投资理念认为，凡是筹码相对集中的股票，其市场认同感相对筹码分散的股票更强，行情展开的力度也更强，容易赚到快钱。事实上筹码分布理论的可靠性，和流通股十大股东的交易行为比较起来，哪一个确定性更高，至今尚无人研究。我们只能模糊地认为，这种股票有着良好的群众基础。

本章结论：无论有无掺水，无论筹码如何分布，依价值买入，依高于估值时的市场狂热卖出，这才是正确的交易之道。市场的确会在很多时候走过了头，但是更多时候，市场依然是以价值为准。

第十章

有一小片云从海面飘来，不过如人手那样大——1906 年[①]

在进行像本书这样的理论探讨时，我们必须预先考虑到理论中可能的缺陷，而且还要对其中明显的矛盾现象进行解释。世界上最神奇的事莫过于一个条理清晰、结构严谨的理论假说了。这种假说往往还能引申出许多能够顽固存活的教条。具体表现在，即使是理论假说本身被时间证明是不合理的或者不准确的，但是由该理论假说推演出的教条却依然能存活下来。我们已经建立了关于价格运动——由基本运动趋势、次级反弹或下跌走势，以及日常波动走势所构成——的道氏理论，并从此理论衍生出一种解读股市晴雨表的行之有效的方法。但是我们决不能过于自信，须知凡事皆有例外，例外也能反证规律。

旧金山大地震

1906 年发生的事就是一个“例外”，它提供了一个非常有趣的例证。依据观察角度的不同，它既可以被看做是被抑制的牛市运动，也可以被看成是加强版的次级下跌走势。前文已经讲过，基本的牛市或者熊市运动都有走过火的倾向。如果股票市场是无所不知的话，那么它应该能保护自己、防止过度膨胀（涨过了头）或者过度清算（跌过了头）的情况

① 引自《旧约全书》，原文是：（第七次仆人说）“我看见有一小片云从海里升上来，不过如人手那样大。”
——译者注

出现，就像它经常启用自我保护机制，自动地避免任何可以预见的事情一样。但是我们必须承认，就算是股票市场的运动能反映出一切关于经济状况及其影响因素的可获得的信息，它也不能对自己无法预见的事加以防范。例如它就不可能预见 1906 年 4 月 18 日发生的旧金山大地震，或者是随后发生的毁灭性的火灾。

委婉地称为火灾

如果你想让那些说话有点尖刻的加州（California，又称加利福尼亚州）“土著”们喜欢你，那么最好不要提旧金山（San Francisco，简称 SF，是加利福尼亚州北部的一个城市）地震。否则会被认为你很不礼貌，他们顶多只承认发生了火灾。对我们来说，承认地震无伤大雅。然而那些热爱加利福尼亚的人却不允许你对加利福尼亚有这样一种印象——比方说，旧金山可能发生另外一次同样严重的地震。从另一方面说，火灾比较司空见惯，任何城市，任何地方都有可能发生。所以如果是只说旧金山火灾，这丝毫不会削弱加利福尼亚州引以为豪的气候和其他自然优势。洛杉矶（Los Angeles，简称 LA，是在加利福尼亚州南部的一个城市）本地人的纯朴令人忍俊不禁。他们会说：“如果我认为今天是个好天气，那么今天就是个好天气。”然而地震让这一切变得风光不再，大自然一厢情愿地改变了太平洋海岸的模样，完全没有考虑到这是不是符合当地居民的审美情趣。19 世纪初期，英国一位伟大的花花公子博·布鲁梅尔（Beau Brummell，英国著名的纨绔子弟，以其时髦服装和举止闻名）说过：“绅士的衣服破了一个洞，这事比较偶然，但是打上补丁就意味着贫穷。”

地震对股票市场的影响

旧金山地震发生于朗朗乾坤之下，然而对本已处于下跌趋势的股市来说，无异于雪上加霜。你一定会记得劳埃德船舶保险单的条例中，都会把“自然灾害和战争”排除在外，这次地震就是大自然异常灾害的一次例外，而且要解释在这个意外年份中股市晴雨表的记录，也需要多费些功夫。开始于 1903 年 9 月的旗帜鲜明的牛市，在 1906 年 1 月到达最高点。当然其过程也并非一帆风顺，一般来说牛市也有自己的内在规则，即到达最高点之前不会出现明显的出货警戒线，这样谁都出不了货，都是边拉升边派发。特别是牛市走过了头的时候，这时已经是靠自身的惯性在维持推高了。1919 年的情况正是如此。股票市场在 1906 年春天开始下跌，此时人们并不能判定牛市会就此终结，或者股票市场正处于超买之中，没准只是一次次级折返走势的正常下跌。但是我们一定都还记得这次损失的严重程度，地震所带来的自然灾害引发了一场超级大火，在已经坍塌的或摇摇欲坠的建筑物上熊熊燃烧。虽然美国和英国的保险公司可以启动例外条款，对地震中的损失不予赔偿，但是他们没有这样做，而是很快支付了赔偿金来帮助受灾者。实际上我们早已知晓德国汉堡（Hamburg）保险公司的方法，他们会采用相反的策略，拒绝赔付，因为自然灾害不在保险条款保护之列。如果说我们能从汉堡保险公司的行动中学到点什么的话，那一定是德国人的处理战争和外交的行事方法：严谨而近乎刻板地遵守既定的规则。因为从那以后，德国汉堡的火灾类保险公司就几乎再也没有承接过来自美国的业务了。

艰难时世下的合理预言

这次带给股票市场的意外惊吓，令市场措手不及，市场出现了近乎恐慌的剧烈下跌。经过认真分析，这次恐慌的根本原因就是由于发生了绝对的意外事件。虽然我们不能说从1906年4月末开始的股票市场失去了控制，但是下跌的程度也已经相当严重。20种铁路股票的平均指数在1906年1月22日还是138.36点，到5月3日就已经下跌了18点（百分之十几）；当时的工业平均指数还只是由12种工业股票组成，它也从1月19日的103点下跌到5月3日的86.45点（跌幅和铁路平均指数基本相当）。很显然，即使遭受到意外事件的打击，它们下跌的步调仍能保持一致。经验表明，恐慌之后会出现部分修复走势，然后再继续缓慢下跌以考验市场真实的承接能力。实际上，《华尔街日报》在1906年7月6日通过分析平均指数预测道，股票市场将会迎来一次全面的反弹，并且撰文呼吁人们注意这个事实。文章写道：

“每当平均指数出现这样的走势，大家的经验都是一致的，即恐慌性地下跌之后必将紧跟着一次幅度达到下跌总幅度40%到60%的反弹，接着才是毫无规律的下跌，最终价格将回到原来的最低点。似乎只有这样才能让那些持股信心不足的交易者产生恐慌，直至他们抛出股票。很难说旧金山灾难导致的下跌是真正意义上的恐慌，因为铁路平均指数在随之而来的反弹中上涨到131.05点，仅比地震之前略低1.61点。而这次反弹的精确计算又完全符合惯例，即从1月22日开始下跌以来的幅度的60%，并且这段市场的表现也完全符合恐慌之后的反弹走势。据此我们可以推断，恐慌之后，这种看似公平的清算走势一定会发生。”

灾难的严重性

随着时间的流逝，我们很容易忘记发生在旧金山的这场灾难的严重程度。对于一个直接经济损失达 6 亿美元的自然灾害来说，当时的同类损失中无出其右者。安泰火灾保险公司（Aetna Fire Insurance Company）宣布，因这次火灾支付的赔偿金用去了公司 40 年的盈利积蓄。要知道，它可是全美乃至世界最强大的火灾保险公司，安泰火灾保险公司尚且如此，更不用提其他公司受影响的程度了。对于那些浅薄的、一知半解的乐观主义者来说，窗户坏了可以让生产玻璃的人和安装玻璃的人有活干。但是他们可能忘了，正如经济学家巴师夏[①]所说，你可能还需要安装一个新窗框，如果你的窗框完好无损的话，很可能你准备用来买窗框的钱又用在了别的地方，反正无论如何你都会花掉这一笔钱。如果前者那套"窗户坏了能给玻璃安装工人和玻璃厂带来工作机会"的理论是合理的话，那么要发展经济的最快捷径就是把全美国付之一炬，然后再全部重建。

回顾整个地震期间的股票市场走势，我们可以看到铁路股票的损失要高于工业股票，而且我们一定还记得铁路股票无论是绝对价格还是相对价格都略高于工业股票。这主要是因为在极度恐慌的下跌中，人们通常会卖掉那些有市场可卖掉的东西，来保护自己那些没市场、卖不掉的东西。正如《华尔街日报》当时所写的那样："在恐慌中出现的第一次下跌是出于恐慌，第二次下跌较为缓慢，它表明公众的持股信心受到了打击。"在讨论 7 月 2 日的股票市场时，文章继续写道："目前价格线已经严重低于价值线，此时的市场会出现上涨迹象。"

---

① 弗雷德里克·巴师夏（Frederic Bastiat，1801—1879），经济学史上最伟大的自由贸易理论倡导者。
——译者注

在牛市的暴跌中反弹

这个无疑是一个正确的判断，但是当时的观点一般都认为，1903 年9 月开启的这次牛市之旅实际上在 1906 年 12 月终结——而不是 1906 年 1 月，并接着转入熊市。而当时预测牛市还未结束的分析师的证据是，市场正在形成一个狭窄的吸筹震荡区间。正如分析师正确地猜测到的那样，该预言很快得到了证实，《华尔街日报》在 8 月 21 日就平均指数的现状，对市场的未来再次做出研判。文章认为："当前市场交投十分活跃，设想仅凭一个利益集团就能在周六收市前两个小时之内操纵 160 万股股票的交易量，这简直是匪夷所思。"这确实是一个非常实用的论断，来自过去 15 年的经验总结，也来自我们对操纵行为相对的重要性的讨论。《华尔街日报》在那篇文章中继续写道："我们只能认为从 1 月 22 日到 7 月 2 日的长期下跌运动，代表着一种在牛市中出现的加强版的次级折返下跌走势。"

平均指数的推断一贯正确

要知道这个正确的推断是在事发之时，而不是事发之后做出的。自从道在 20 年前创建了道氏理论以来，从过去的经验中，我可以轻而易举地向你证明由道氏理论做出的推断是多么正确。但是如果认为该理论可以绝对精准地指出基本运动之间的转折点，那就有点荒谬，更不用说用它来预测突发事件了。尽管如此，道氏理论对于那些天天都在使用股市晴雨表的人来说，用来分析价格运动走势时往往得心应手：在判定正在进行的基本运动方面，道氏理论总是正确的。即便是在极具欺骗性的次级折返走势中也是正确的。这时总有肤浅的分析家把牛市误判成熊市，或者把熊市误判成牛市。

有一个故事是关于詹姆斯·R. 基恩的，据说（或许并不是真实的）他认为，只要判断正确的比例达到51%他就已经很满足了。我不相信他会说出这种话。依照他做事的原则，正确率一定比这个要高得多才会行动。但是目前这样一个正确率对于他来说，维持成本尚且自顾不暇，更不用说还有能力去维持一个赛马场的正常运转了。

在所有已有的记录中，根据平均指数运动所得出的推断，绝大多数时候是正确的。而且在阅遍历史记录之后，我可以从心底里凭良心说，我并没有发现存在完全曲解股市晴雨表的例子。因为依据股市晴雨表做出的分析，能够在投资大众更明白自己在想什么之前，事先预测到他们的想法，或者说该分析比投资大众更了解他们自己。如果说晴雨表出现过什么过错的话，那也主要是因为次级折返走势的不可预测性所引起的。很明显，预测次级折返走势比预测股市基本运动要困难得多。这像气象局很容易预测大片区域的天气状况，但是很难确定地说出纽约明天早上会不会下雨一样。

熊市的萌芽

《华尔街日报》在这次牛市即将见顶之时，再次撰文警告。发表于1906年12月15日的文章指出，平均指数——尤其是20只活跃的铁路股票的平均指数中，一直有一个“狭窄的波动区间”，一旦平均指数的价格跌破该区间的下轨，就预示着下跌走势会随即展开。对于一个已经持续了三年的牛市来说，这次预测顶多只是预测了熊市的可能性，毕竟，此时就提出这里肯定是牛熊的转折点，显然为时尚早。当1907年年初，铁路公司的巨额利润（哈里曼铁路公司在1906年宣布的股票分红政策令人瞠目）被货币的高利率抵消之时，平均指数已经在提醒股票市场和普通商业企业注意年底可能会出现的严重经济危机了。当原有的联邦银行体系的储备制度实际上已经支离破碎的时候，短期拆借利率不但处在史无前例的高位，而且实际上已经无法获得。万般无奈情况下，银行在自1893年经济危机之后，首次重新启用票据交换所流通卷来代替货币。

在1907年的1月份，整整一个月的时间内，活跃的交易员都在忙着卖出股票。宏观层面上，一方面政治干预开始让投资者感到担心；另一方面，到这一年年底的时候甚至出现了“资本罢工”[①] 的局面。而股票市场的全面下跌也已经开始，但是十分有趣的现象是，人们花了很长时间才接受股票市场下跌这一基本事实，因为长期的牛市突然间转熊，很多投资者在思想上和感情上还难以接受。由于每年的一月份之时，货币成本很低，上一年的利润开始转化为投资，这时正常情况下应该是一个上涨月份，但是现在却出现了下跌的走势，这难免令人忧心忡忡。更重要的是，华尔街特别不喜欢在这种敏感时期听到悲观的言论，本书中我已经多次提及——预言灾难的人总不受欢迎，这一点在美国华尔街这样的地方尤为突出。

繁荣和萧条的晴雨表指示

在长期的牛市之中，证券市场会大量地发行新股。也正是在那个时候，已故的J. P. 摩根提出了一个新词——“未被消化的证券”。美国人喜欢听好听的话，而这个词语生逢其时。工业公司的股票，尤其是美国钢铁公司的利润一直都优异，铁路公司的总利润和净利润也都很出色。可以说全国形势一片大好，可是平均指数在一月份却下跌猛烈，这使得我们的评论家们变得谨小慎微，连仅仅预测这次下跌中会出现反弹都不敢，更不要说预测这次下跌是标准的次级折返走势确立的标志了。一切都来得太迅猛，人们还不能对正在进行的基本运动（三年牛市）过于乐观。实际上，严重的下跌让每个人都狐疑满腹；然而历史记录表明，3月

① “资本罢工”是指资本的所有者不看好经济环境，不再将资本投人再生产。——译者注

初人们就已经承认基本熊市的存在这一事实了，而且《华尔街日报》也和任何其他报纸一样，竭尽所能地发表感情真挚而且令人心满意足的评论，来鼓励那些沮丧的投资者，让他们振作起来。

熊市的成因

然而市场就像上帝，始终在冥冥之中关注着所有的事实，而且其中也确有一些事实在股票中造成了深远的影响。关于造成熊市的原因的争论发表于 1907 年 3 月 15 日，只是现在读起来有点奇怪。这些因素如下。

1. 过度繁荣。
2. 生活成本升高，主要来自于巨大的黄金产量对物价的影响。
3. 高利率导致价值估值过高。
4. 土地投机挤占了商业企业的流动资本。
5. 罗斯福（Roosevelt）新政干涉企业过多。
6. 各州的反对铁路公司的浪潮。
7. 社会情绪的发展变化和对财富的煽动性攻击。
8. “哈里曼（Harriman）事件”的调查揭露了高层金融活动的丑恶面目。
9. 大金融利益集团之间的斗争。
10. 过度发行证券。
11. 旧金山大地震的影响。

当然也有其他一些原因可以造就熊市，然而最不可能的就是人为的操纵行为，这也是我们一直在强调的。任何一次熊市在事后都有事实证明其合理性。难道我们没有权利说这些因素都是永久性的吗？这些影响的深度和广度有时甚至股市也不可能预测得到，我们必须承认，至少在理论上来说，股市比我们任何人都看得更长远，而且视野更宽广。正如事后证明的那样，单是对铁路公司的过于严苛的管理，就足以证明投资者保护自身利益的行为是正当的，尽管这有可能会对股票市场产生重要的影响。

异常的金融市场

现在回想起来，1907 年的华尔街对我来说是我从未经历过的、最有趣而且也是最长见识的一年。这一年中我学到了很多难能可贵的经验和教训，遗憾的是由于篇幅的限制，我不能在这里详细论述。对于学生来说，这一年最好的故事，非亚历山大·戴纳·诺伊斯（Alexander Dana Noyes）的《美国金融的四十年》（*Forty Years of American Finance*）莫属。他当时是《邮政晚报》（*Evening Post*）的金融版编辑。我记得在 1907 年年初的时候，工业企业正处于繁荣期，铁路公司的总利润和净利润都达到了历史最好水平。而股票市场也只不过是在经历了三年的长期牛市之后，稍微有些停滞不前。而且至少从账面上来看，价格还没有超过价值。但是他却和我一样，对稍显异常的金融市场感到担心。按理每年的这个时候货币在市场上应该很容易获取到，但是那一年的 2 月份却出现了货币严重短缺的情况。正如 1907 年的熊市所展现的那样，股票市场比我们更早地预见到了货币短缺所预示的意义。

不过如人手那样大

行文至此，我忽然想起一位已故的经纪人。他才情横溢，他的文章写的都是华尔街的事，然而使用的语言却生动活波，而且其才智也明显异乎常人。他其实是一名受过专业训练的音乐爱好者，对音乐有着近乎虔诚的热爱。有一天他跟我谈起门德尔松的《伊利亚》的演出，他曾有幸看过一次，当时的主角扮演者是著名的宗教剧艺术家——已故的查尔斯·桑特利（Charles Santley）。我的朋友被这部歌剧的情节所深深吸引，他将这部歌剧的情节融会贯通到股市之中，这样对我描述现在的股市情景，太阳神的祭司们正“被伊利亚所控制的股票空头逼上了绝路”，而且正在“发疯似地努力弥补他们的损失”。伊利亚“戏弄”祭司们的方法给他留下了深刻的印象，这种极端地玩弄就好像祭司们的上帝当时正在打盹，或者要么就是“外出旅行了”一样。他被其中的一句台词所震撼，也正好可以用来描述 1907 年年初的情况：“看那！有一小片云从海里升上来，不过如人手那样大。”接着，在 1907 年秋天出现了“倾盆大雨”。

这么描述是因为股市的暴跌不仅对经济影响巨大，而且发展迅猛，几乎不给我们留喘息的机会。1907 年年底的时候，我和萨缪尔·瑞（Samuel Rea）先生——时任宾夕法尼亚铁路公司的第一副总，现在是总裁——一道乘车沿宾夕法尼亚铁路旅行，该公司的运力无论是当时还是现在都占据全美总铁路运力的十分之一。瑞先生告诉我，就在他们的货运量达到顶点之后仅过了 1 个月，一夜之间就像一把合上的折叠刀一样，所有的业务都突然停止了。本来他还指望匹兹堡地区的农作物和工业运输来增业务量，因为在这之前形势看起来似乎还很令人放心。可是现在我们看到从匹兹堡到费城的铁路侧线上和停车场里，到处都停着无货可运的空车厢，而往年的这时候，铁路公司除了必须维修实在不能用的车厢，其余的全部都用来运货了。

致命的政治干预

1893 年经济崩溃之时，国会通过了标志着它在经济上的既无知又愚蠢的、代表地方保护主义思潮的法案——《谢尔曼白银收购法案》（*Sherman Silver Purchase Act*），结果造成了有史以来最令人沮丧、影响最深远的恐慌。这对我们的立法者们来说是个教训。在那次恐慌之后的萧条岁月里，铁路公司纷纷倒闭，雇员也大量失业、几近破产，这最终使政治家们从心底里对上帝充满了敬畏之心。从那以后，我们再没有见过类似的恐慌。

1907年以前的十年期间，经济处于繁荣期，政府不再对经济指手画脚。

然而就在1907年这一年，他们又开始重操旧业，开始了这项代价昂贵的运动。效果立竿见影，随即在1907年年底就出现了“资本罢工”。对此，任何一个可能受到损失的人都感到忧心忡忡，任何一个有见识的人都能预见到官僚体制的干预和不明智的管制将会给美国经济造成什么样的后果。也许这些论述有些偏离主题，但是就我看来，不论有没有发生战争，目前这种状况都和战时差不多了。而股票市场早在两年之前就已经预见到了愚蠢的政府政策可能带来的影响。依据平均指数和以债券为代表的投资需求来看，或许商业的持续发展已经在进行之中。尽管美国国会目前的表现一点也不令人满意，但是股票市场已经预见到经济可能会迎来一系列的转机。

专家解读

影响市场运动的两大外力——自然灾害或战争以及管理层的监管，到底能在多大程度上影响市场的运行？这是我们投资者非常关注的一个问题。前者我们不能左右，只能被动地接受。后者我们可以通过各种方法和手段来左右或者修正。现在需要分清的是，两者对市场的影响如何。依据本文的观点，自然灾害或战争对市场的影响是暂时的，不影响其基本运动趋势。而管理层的监管对市场的影响则是持久而深远的。它能不能改变市场的基本运动趋势？存疑。但是其影响力之大超过自然灾害或战争，这已经是不争的事实。天灾与人祸比较起来，后者更强悍。

或许你可以列举出许多著名的天灾与人祸的例子，相信将这些事实放在平均指数的历史长河中来看，泛起的沧海一粟与当时的紧张与不安比较起来，实在是微不足道。作者在表明股市晴雨表不能对自然灾害进行预测的同时，强调了人为干预对市场的破坏作用。虽然我们可以列举出很多熊市成因的具体因素，但是政治干预本身无疑是最为直接有效、立竿见影的手段。那么到底自由的市场经济需不需要政治干预，或者到底在多大程度上需要政治干预？凯恩斯和哈雅克进行过长篇累牍的辩论。每一派都有自己的理论依据，每一派的掌门人都获得过诺贝尔经济学奖，但是这似乎不应该是读者们考虑的问题。对我们而言，更为普通的想法是在牛市时少干预，熊市时多救市。对炒作的个股而言，提高监管信息披露的力度，以避免其造假。

本章结论：外力对市场的作用有限，基本趋势不可逆，错误的监管比天灾更为可怕。

第十一章

完美的周期性

至此我们已经研究了股市晴雨表的历史记录中的必要细节，下面我们还将进一步分析从1910年的熊市结束到第一次世界大战爆发之间，这段既难忘又有趣还鲜为人知的历史。本书到目前为止，还很少涉及与人类事务——尤其是经济事务相关的“周期理论”。仅仅是在本书的开头部分介绍过杰文斯记录下来的18和19世纪的经济危机时间，相信你一定还对他的“太阳黑子活动”理论印象深刻。还有查尔斯·道关于19世纪发生的经济危机的简要描述。然而仅有这些简述还远远不够，我们还必须建立一种我们自己独有的，不规律的股票市场周期理论。它没有必要涉及到经济危机这一因素，如果涉及到了也一定是偶然碰巧吻合。因为经济危机已经不只一次被证明，实际上只不过是股市晴雨表所描述的基本运动的一个插曲而已。

股票市场朴实无华的周期

我们可以看到，正如平均指数运动所反映的那样，股票的价格运动包括基本上涨或者下跌运动，次级折返下跌或反弹走势，以及日常波动走势。而我们已经根据道氏理论建立起了一套属于股市的周期理论，即股票市场的运动是三者不规律的交替出现的循环。然而长期周期的规律性却不容置疑，并且我的很多读者和批评者们都对此情有独钟。尽管他们中间没有一个愿意以任何方式分析一下自己的想法，然而通常情况下他们会这样看问题：（1）他们会认为这个想法“有一定道理”；（2）即便是未经证明，也应该是正确的；（3）世界范围的经济危机的发生年份本身就极具周期性，甚至根据过去的周期，我们还能预测将来也会出现类似的危机；(4) 根据历史记录可以判定，人类在处理自己的事务时永远和以前一样愚蠢。

周期理论的基础

现在我可以兑现诺言，详细阐述杰文斯所忽略掉的那次经济危机。根据杰文斯的说法，18 世纪恰好发生了 10 次值得注意的危机，其平均间隔为 10 年，结论如此明显，或许让人们认为已经无需再对周期性理论进行分析了。而事实上他有意地忽略了一次危机——1715 年苏格兰人入侵英格兰所造成的经济危机——可能是因为当年的太阳黑子数量不足以支持他的理论，让他能够大胆地认为太阳黑子和经济危机之间存在必然联系。还有另外两个我们已经看到的年份，杰文斯认为的 1793 年和 1804 年到 1805 年。而根据历史记载，美国在 19 世纪发生的第一次经济危机出现在 1814 年，由于这次危机是因英国人占领了美国首都华盛顿引发的，除非我们假设周期性理论可以预测到后来的战争，否则这种事件根本无法预测。然而如果算上 1814 年，以及道氏理论称之为“近乎一次危机”的 1819 年，美国历史上在 19 世纪的经济危机一共有 10 次。①

现在让我们看看唯周期论者——或许这个称号并不准确——是如何得出这一结论的。首先，1804—1805 年的英国危机和美国的 1814 年危机之间间隔了 10 年，这或许能够激励他们；其次，1837 年和 1857 年发生的极为严重的全国范围的经济危机会使他们信心百倍；他们将拿起杰文斯的 10 年周期的理论，掰着手指头数，美国从新世纪开始到 1837 年一共

① 参照第三章杰文斯的周期一节，其中所列举的 19 世纪经济危机中加上 1814 年和 1819 年正好 10 次。——译者注

发生了4次危机，正好40年时间！最后，虽然美国1847年发生的经济危机并没有欧洲严重，只是欧洲的惨状给美国人留下了深刻的印象而已。但是当唯周期论者发现1857年真的出现经济危机之后。他们会尖叫起来："看那！我们发现了这个秘密了，这是一次为期20年的周期，两头各有一次重大的经济危机，中间经济危机的程度较低。而现在，我们终于可以自信地让事实臣服于这个美妙的理论了。"

难以吻合的日期

按照上一小节中唯周期论者的理论，1877年应该爆发一次全国范围内的高级别的经济危机。但是明显像是机械滑脱了一个齿轮似的，经济危机发生在1873年。因为一方面俄国农作物的全面欠收，导致世界农产品价格大幅上扬，而另一方面美国农业又碰巧获得大丰收，还使得危机在一定程度上被延期。单是美元交易的过度泛滥就会使这次危机提前到1872年发生。但是无论怎样，一个事实不可避免，即两次危机之间的时间间隔被缩短了。20年的周期的理论变成了16年。虽然两次危机之间还发生了伦敦欧沃伦格尼银行（Overend Gurney）在1866年破产所引发的经济危机，但是也不能对周期理论有任何助益。然而1866年的这次危机却对美国的证券交易所造成了严重的影响，各种股票价格严重下跌，这一年的4月份甚至出现了囤积密歇根州南部铁路公司（Michigan Southern）股票的情况，投机活动十分猖獗，一时之间蔚然成风。一贯谨慎而正确的道针对这一情况指出，投机活动的故态复萌显得"及其不正常"。

然而随之而来的1873年、1884年和1893年的三次经济危机，又使那些坚持10年和20年周期理论的人们重拾信心。第一次和最后一次经济危机的影响是世界范围的，其影响程度也同样深远。我们的唯周期论者又重新解释说："1857年和1873年的经济危机间隔减少到16年只是一种偶然的失误，在进一步对掌控这一事件的周期性规律作出一点点推演之后，我们完全可以自圆其说。”

而那些坚持20年周期理论的唯周期论者预言到：“从1873年到1893年正好20年时间。这说明我们的晴雨表的预测已经逐渐进入状态。因此，由此推断，1903年前后将出现一次小规模的经济危机，而大规模的经济危机将发生在1913年，最迟不会超过1914年。”

迷失在变化之中

当然，如果一种理论连最基本的预测功能都不具备，那么它还能有什么用处呢？但是从1893年到1907年长达14年的时间内，确实没有发生经济危机。这是因为20年的周期缩短到14年？还是10年的周期延长到14年了呢？是否真的存在可靠的关于经济危机的周期呢？我们发现在唯周期论者所预测的1903年或1913年，根本就没有任何发生经济危机的迹象。而且我们也的确知道在那个年代，全球范围的投机行为还没有大到可以制造一次经济危机的程度。或者可以这样来比喻，除非我们建造起一座足够高的投机行为的摩天大楼，高到噪音就能致使其轰然倒塌的程度，否则崩溃是不可能发生的。

那么，这种关于经济危机周期性爆发的理论还有什么经济预测价值吗？我确实看不出来。如果想变得有价值的话，这个理论还必须作出很多让步和如此多的迁就，以至于最后只能剩下一种价值，即对事实的记录。现在我们看到根据周期性假设所得出的结论，一次又一次地发生着变化。如此不靠谱的理论有什么真实的使用价值吗？我绝不是个怀疑论者，然而整个周期理论的研究方法在我看来，很像是玩扑克牌作弊出老千一样荒唐可笑。我可以理解任何严格的、专制的甚至是不合理的游戏规则，但是我不能理解随着游戏的展开而随意改变的规则。

它们相等吗

物理学有一个力学理论的前提假设："作用力与反作用力相等。"真的是这样吗？人类在有记录史以来几乎无法为这一假设找到真实的证据。当然，支持这一理论的人会说："好吧，即使有事实证明它们不相等，我认为它们也应该相等。"我始终弄不明白它们为什么应该相等。毫无疑问，作为一个相信人性完美的基督徒，我也不明白为什么不能彻底消灭经济危机，既然危机显示了人性恶的一面。另外，我们很容易发现，经济危机之间的间隔至少看起来是逐渐延长的。1893 年到 1907 年的间隔是 14 年，而且 1920 年根本没有发生经济危机。

虽然 1920 年发生了通货紧缩下典型的清算变现浪潮，但是我们很难把它视为一次典型的经济危机，除非我们强迫自己歪曲危机构成的条件。而且它所造成的破坏性影响根本无法与 1893 年、1873 年、1857 年或者 1837 年的危机相提并论。现在依照目前的状况，我敢大胆预言，未来五年内将会出现剧烈的经济阵痛和通货紧缩，而且这将是我们最好的结果，因为只有这样，才能避免我们未来可能遇到的一切麻烦。

时代呼唤病理经济学

有一种科学叫做病理经济学，专门用来研究经济事件，或者可能称之为病态心理学更好一些。我曾在另一章节中提到过，在研究经济生活中至关重要的问题及其所有的成因时，仅仅使用历史记录还远远不够。但是我们现在已经开始着手了解经济疾病的诸多症状。在这一方面我们在最近 25 年中取得的成就，或许已经超过了自迦太基（Carthage）把提尔的紫色燃料和华丽的丝织品卖给罗马帝国以来所取得的所有成就。因此，完全有理由相信，我们正在发展完善一种诊断经济病症的科学方法。而这在 1893 年就不会发生，因为当时还没有我们今天记录下来的资料。

但是为什么我们还要假设每隔 10 年、20 年或任何一段时期，就算是最聪明的人也会丧失理智地忘记过去的一切教训呢？关于经济危机有一件事是确定的：如果它能被预测出来，那么就根本不会发生。这些年来我们一直在积累知识，提高分析的精准度，终极目标就是有足够可靠的方法来预测除了不可控的风险——自然灾害和战争行为——的未来。难道我们不是一直朝着这一目标在努力吗？

美联储的保障

在现行的美国联邦储备银行体系中，我能发现许多缺陷，以及太多的政治因素干扰。尽管如此，想让这个体系出现类似 1907 年和 1893 年那样，全国银行都被迫求助于票据结算中心使用流通券的情况，还是令人难以想象的。一般情况下，通过人类的智慧完全可以设计出一套完美的银行体系，而在一个人眼中完美的银行系统，在另一个人的眼中却有可能完全不适合。但是从旧有的联邦银行体系向联邦储备银行体系的转变过程，代表了美国经济活动有史以来最伟大的进步。唯周期论者难道不应该将这个银行体系本身的巨大变化，作为一个全新的因素来考虑吗？

我们不能以为有了美联储的保障，就可以排除未来发生经济危机的可能了。恰恰相反，经济危机是一定会出现的。但是我们可以抱有这样的希望，随着知识的增加，经济危机至少可以部分地被预测到，而且也可以从根本上减轻其最坏的后果。我们一直以来都是这样希望的。

称职的教师

在我们的社会中，教育行业的目的是，让具备一定才智的人明白，即使他们和华尔街毫无利益纠葛，他们所拥有的知识也能让他们在华尔街得到很好的保护，就和其他任何地方一样。当然，我本人也非常愿意成为这种理想的教育服务中的一分子，尽管我已经采用了有效的方式，并且归纳和总结了有关股市运动的大部分知识，但是我仍然希望能了解到，还有多少这方面的问题没有被我发现或阐述。如果要真正了解这类问题的本质，我们必须使用实用主义的方法，即日复一日的和它生活在一起。按照道氏理论的观点，关于股票市场的问题的本质非常简单。只要教师不是一个怪人、骗子、赌徒或者冒牌货，他应该可以从一个非常实用的角度来讲述这些问题。哈佛大学目前正在整理出版有关整体经济状况的数据汇总表和指数图表，这项工作的实用性毋庸置疑，同时也势在必行。编撰者们并没有被危险的周期性假说所束缚，也没有被想当然的国民财富缓慢增长的趋势"平均线"所禁锢，这条线无论在困难时期还是繁荣时期，都始终保持固有的速率上升。然而，一旦面对战争的残酷事实，它就会立刻失去自己想当然的确定性，飞快地改变自己前进的方向。

物理定律也能适用吗

哈佛大学的教育体系里，并没有人坚持认为在人类事务中，作用力与反作用力是相等的。尽管对于物理学来说，这是一个听起来还不错的命题，但是如果非要说服我们，将一个物理学定律运用到既不稳定又难以捉摸的人性上来，就必须有更广泛的证据支持才行。就平均指数已经证明的许多问题来看，有一个非常明显的事实，即对价格运动而言，作用力和反作用力并不相等。例如牛市上涨的幅度正好和熊市下跌的幅度相等，这样的例子我们一个都没发现。而且假设事实给出了这样的例子，那么基本运动所需的时间是不是也相等呢？我们已经知道一个规律，牛市所需的时间通常情况下要远多于熊市。二者之间并不存在自然而然的平衡等式。而且我认为人类社会中也根本不存在这样的平衡等式，当然，历史上也没有这样的记录。我承认平时工作时，需要依赖别人来完成各种数据或图表汇总工作，但是我敢保证，我从未用自己的剃须刀做过任何等分切割图表的工作。但是在我职业生涯中使用的所有研究数据中，从未发现作用力与反作用力之间的平衡情况。

无法计算的幅度和时间

股市晴雨表的历史中当然也没有这样平衡的记录。无论是股市运动的弧度还是速度，都没有近似钟摆的规律性。我们可能发现熊市下跌了40点，而牛市却用了两倍于熊市的时间才上涨了50点；接着熊市下跌了将近60点，而牛市又反弹了40点；随即熊市再下跌30个点左右，牛市又上涨20多点。接着又出现了一次牛市，工业指数上涨近60点而铁路指数同期的上涨则不足30点，基本运动所用的时间都各不相同。总体而言，近四分之一世纪以来的历史记录大体就是如此。纵观这些股市的运动记录，显然存在某种大致上的周期性。但是如果我们硬要牵强附会地将其曲解成某种“周期”，用数学方法可以计算出其规律性和可重复性的周期，并且用来预测下一次基本运动是上涨还是下跌的话，这会令我们无所适从，只留下空洞无用的理论和空空如也的钱包。

行骗秘笈

我本人并不想在此教条式地讨论行骗行为，尽管它本质上属于科学范畴的研究课题，而且一般而言，科学课题说教的居多，但是我会尽量努力让这一讨论变得通俗易懂和生动有趣。对于所有的教育行为而言，每位教师所面临的道德威胁是，教师本身必须的权威性往往会把自己的职业弄得神秘兮兮。这是教育行业中的重大问题。教师会不自觉地渴望减少令人尴尬的竞争，这导致他会夸大获取正确知识过程中所要面临的困难。凡人皆有私心，短短一转念之间他就会走向个人崇拜，故意将简单的问题变得更大、更复杂。正如每一种宗教都会有自己的神职人员一样，他们认为职位的传承比普度众生更重要，更值得去争取。英国的普通法律和教会法，都把手工业技巧视为神秘传承的工作。管道工人来你家工作时，希望你确信他已经精心准备来为你工作，而且完工后的混乱场面足以证明他工作的复杂程度，因为作为外行你根本无法评价其工作的难度。这样他在要求你支付高额的维修账单时也会显得理直气壮。

消息及内幕人士

我认识不少非常可爱的人，他们公开的职业是股市投资咨询顾问，从事的是股市内幕信息交易。他们所提供的信息很有市场，而且个个都是洞察人性的高手。可是他们有一个原则，从来不在熊市中提供内幕消息。因为在牛市中他们更容易取得成功，而且赚了不少钱。据我推测，他们可能需要好年成的积蓄来满足差年成的生活需求。他们一般会告诉那些不学无术的投机客他们想听到的消息，而不是他们应该知道的。有时他们的猜测是正确的，但是每每这时他们总会暗示他们的客户，分析股票市场运动这件事非常神秘。而且一旦他们蒙对了大盘的整体方向，那么个股也就不在话下了。有了他们的建议之后，"内部人士"就不断地买进。我就认识不少这样的"内部人士"，而作为小投机客，他们犯的错误远比正确的时候多。

而实际上，这些所谓的内部人士都在公司里忙一些其他的具体工作，根本没有时间关注股票价格的变化，而且他们的工作范围非常有限，仅局限于自己熟悉的具体的交易业务，根本无法正确判断市场的趋势。他们通常对自己持有的资产信心满满，因为他们相信自己的公司具有极大的可能性会持续发展。但是当考虑到经济波动对股价造成的影响，以及同一市场同一板块中其他股票的表现，还有其他铁路股和工业股的表现，他们的观点就显得太狭隘了。所以如果有人说，足够多的内部信息可以毁掉华尔街的任何一个人，那么我可以肯定，这并不是冷嘲热讽，而是事实。

这不仅是事实，而且还是一件大好事。当然，我们一般都认为大公司的经理们都会对自身业务领域之外的知识有一个大体正确的认知。他们应该受过良好的教育。如果阅读本书能教会他们更为客观的态度，那么他们可能会在方便的时候阅读。但是即使是在一所好大学受过良好的普通教育，毕业后可能会从事律师和外科医生行业的人，他们良好的职业技能也会影响他们判定大局的均衡感。

可以信赖的指南

从不迷信什么周期或者体系，也不关心流行时尚和貌似很有道理的推断。从它能获取到的所有方方面面的信息中寻找，只要是对它有用的信息，它就会加以利用。这就是为什么股市晴雨表如此珍贵的原因。股票市场的运动反映了所有已知消息的总和，每天的交易就像农民伯伯收麦子以后，把麦粒从麦糠中脱壳出来的过程一样。倘若收成不好，市场给出的价格就低于其预期价值；而如果脱壳出来的结果很好，那么在农民按蒲式耳装好麦粒之前，在那些最勤奋、最快速的经济整体状况的研究员把研究结果绘制在图表中之前，股票市场早就已经做出反应。虽然我们中很少有人会成为开普勒或者牛顿，但是我们也可以总结出一些实用的规律，以帮助和保护那些每天都必须对未来进行预测的人。这正是股市晴雨表的作用。它从不犯错，同时也承认人类本身所具有的明显的局限性，它只是诚实地宣布自己有着预测未来的特性。然而即便是如此，迄今为止没有任何一种与经济相关的记录可以在预测未来方面与它相提并论。

专家解读

本章“完美的周期性”的“完美”二字应该加上引号。前面我们讨论过有无周期的问题，本章对周期的准确性进行了进一步阐述。其实任何周期理论都经不起严格的推敲，这一点和股市晴雨表完全不同。后者是真理越辩越明，前者则更多的时候是一本糊涂账。想在自然现象中寻找到更多的规律是人类的天性。我们都经历了从经典物理学，到量子力学相对论，再到宇宙大爆炸理论的进化过程。简单的规律的确能有更多的市场，然而大自然和人类社会的奥妙，绝不仅是简单的周期能解决的。至少在道所处的时代是这样，因为当时只有牛顿。

我们对经济学的研究很难从历史中寻找到有价值的资料，但是仅凭只言片语的稍加提及，我们也可以推断出经济现象和简单的物理学规律有着天壤之别。可以说，把物理学规律运用到经济之中是刻舟求剑和形而上学的。因为我们根本无法计算幅度与时间。最后，这些所谓的周期学说都沦落为了行骗的伎俩。我相信不只一个读者有宿命论的倾向，这一点从趋之若鹜的算命大军中可以看出。依据作者的结论，从不迷信周期和不相信任何合理的推断也是不可取的，因为现实中就存在一个——股市晴雨表。

本章结论：不可机械地看待周期，物理学定律不能被简单套用在经济上，对于市场而言，股市晴雨表可信度很高。

第十二章

预测牛市——1908—1909 年

现在让我们继续研究股市晴雨表重要的、真正有生命力的预测价值。如果我们打算论证道氏价格运动理论的正确性，那就必须提及《华尔街日报》在 1907 年到 1908 年间不定期发表的分析股市平均指数的文章。这些文章记录了一段历史，出于个人的原因，我对它们的印象十分深刻，已故的塞雷诺 · S. 普拉特（Sereno S. Pratt）先生是一位具有丰富经济学知识的人，他同时还是一位个性鲜明，精明能干的新闻工作者。1907 年年底之时，他辞去了《华尔街日报》主编的职务，转而担任纽约商业协会（New York Chamber of Commerce）的秘书。这是一个既轻松又体面的职位。

客观的评论

报纸上刊登的文章，除了不用署名之外，其文章中所持有的个人观点与政客们的公开建议相比，要客观公正得多。当然报社的编辑不仅需要对订报纸的读者负责，而且还要依据法律承担相应的民事和刑事责任。所以他们自己写的述评却必须要经过审核，一般是经过报社“熟知”某一领域的专家来审核，审核之后的文章重新回到编辑这里来最后把关。对于任何一家经营状况良好的报纸来说，发表述评文章都是比较慎重的，一般文章在见诸报端之前都要经过好几位相关领域专家的审核、修改和把关。我很幸运地在 1908 年初接替了普拉特先生的职位，成为《华尔街日报》的编辑。虽然编辑的观点常常会不自觉地影响到他的下属，但是我也不能指出报纸对平均指数的分析到底在多大程度上体现了我的个人观点。很显然，普拉特先生和我采用的分析平均指数的方法是一致的，而且这种方法和报纸的创建者查尔斯·道的方法是一脉相承的。

预测到熊市的结局

前文中我们曾经提到过，贯穿整个1907年，出现了一次短暂而又剧烈的基本下跌走势，其真正的结束时间是在当年的12月21日。而在11月份最后一周的时候，工业板块股票开始急速反弹，看上去似乎是熊市中的次级折返走势。此时股市晴雨表正遇到最棘手的问题，即如何准确地预测市场并呈现出来。《华尔街日报》在1907年12月5日写道：

“自从20种铁路股票的平均指数在11月21日达到了它的最低点81.41点之后，昨天市场出现了强劲的反弹，并最终收报于89.11点，上涨了7.70点。在过去的10个交易日里，只有两天是下跌的。这是一次非常明显的反弹走势，但可能来得太突然。综合考虑目前所有的因素，尽管价格仍然在低位保持运行，但是将来很可能会出现合理的成交量大幅萎缩。”

在接下来的12月23日，在评论一周以来的市场基本发展变化的文章中，作者顺便提到了平均指数的问题。他似乎只是感觉到市场行情将会发生转变，但是他自己也不太确定，如果据此就做出预测，显然有点鲁莽，他写道：

“正如大家注意到的那样，铁路股票平均指数的运动呈现出一种非常典型的走势。从7月20日到11月21日，它下跌了26点；在随后的两周内它又上升9点，接着在10天之内又下跌4点，最后在上周又上涨了2点。这实际上是一种典型的下降楔形走势，当市场趋于平衡时才会出现。”

自我修正的晴雨表

在我们继续进一步讨论之前，有必要先谈谈次级折返走势。上文中出现的例子简单而具体，足以满足我们目前讨论的需要。根据观察可以发现，熊市中从最低点发起的反弹之后，在接下来的下跌中不会再重新回到反弹之前的最低点。而且历史记录表明，当时的工业平均指数仅有的 12 种工业股票的走势基本一致且可以相互验证。如果本章中打算进一步研究次级折返走势的寓意和功能，那么上述引文中最后一句话最具启发性。可以这样认为，我们的股市晴雨表就是这样进行自我修正的。一般情况下，在临近空头市场末期，各种纷至沓来、纷繁复杂的信息，以及对市场持各种不同看法的人，都会逐渐地自我调整以达到条理清晰的状态。接下来投机客和投资者们纷纷登场来预测市场，但是他们总是好高骛远。

正确得太早

可以列举出无数个在华尔街赔钱的人，其根本原因就是因为正确得太早。我脑海中突然浮现出一个很有启发意义的奇闻轶事，记得那是 1900 年的夏天——麦金利重新当选为总统的那年，牛市才刚刚出现。有一个引人注目的场内交易员，他曾经是一家活跃的套利公司的合伙人，现在这家公司早已不复存在了。

我们先科普一下，套利公司是一种特殊的经纪人公司，主要靠通过电缆与伦敦股票市场交换数据来进行交易。

因为纽约和伦敦的时差不同，纽约的上午正是伦敦的下午，外行人一般会认为，套利公司会根据不同时间上价格波动的差异来获利。可是那年夏天交投十分清淡，他所在的公司和其他公司一样都没多少业务。公司业务的鼎盛时期，每天能达到300万股的交易量，但是现在每天不到10万股。

他的名字叫路易斯·沃姆瑟（Louis Wormser）。他的奇特之处在于，即使是在如此低迷的夏天，他也能在场内最大限度地保持活跃。由于整整一个夏天他显得都很活跃，所以其他的交易员抱怨说，他总是跑来跑去，任何一只活跃股票席的位上都有他的身影。不过平心而论，作为一名场内交易员和股票交易所会员，他完全有权力这样做。这种行情一直持续到总统大选结束前的最后几周才结束，市场开始逐渐变得交投活跃起来。而此时沃姆瑟显然已经判断对了大势，市场的上涨只能让他赚得更多，我想他或许根本没想过自己会引领市场。在总统大选结束后的三天内，股票市场表现强劲，涨势如虹。这使得沃姆瑟认为麦金利重新当选总统这件事，已经在市场中得到充分体现，于是他反手做空，在接下来的几天之内他将自己过去五个月来赚取的所有利润亏得一干二净。事后我们知道，尽管中间受到过北太平洋铁路公司股票抛售事件的严重影响，但是那场牛市一直持续到1902年9月份才结束。这个例子给我们展示了一个典型的投机客的形象，他确实能发现影响股票市场运动的诸多因素中的一个，而以为这就是市场所知道的全部，犯了一叶障目的错误。还有一个重要的原因就是他还不愿意相信股市晴雨表，有点刚愎自用。实际上可能是在市场低迷期的出色表现，让他觉得自己可以主宰市场，这一点在市场上扬的初期也得到了印证，个人膨胀最终导致了个人崩溃。

大胆的推测

让我们重新回归1908年和1909年的牛市话题上来。《华尔街日报》早在1907年12月25日就已明确地预测到了这次牛市，当天的报纸上写道：“十有八九我们已经看到了今年的低点位置。”在1908年1月10日，当时举国都对 1907 年的走势心有余悸，票据清算中心的业务还很繁忙，这可是明显的熊市特征。但是正是在此时，《华尔街日报》只依靠股市晴雨表就预测出，将会出现明显的反弹走势。这无疑是一个大胆的推测。

当谈及这次牛市的热身运动时，它评论道："这应该是市场在探明低点之后的剧烈反弹，持续的时间可能很长也可能很短，但是随后会出现长期性的转折走势。"这是一个非常鼓舞人心的预测，让最保守的商人们都开始学着使用股市晴雨表来对整体的经济形势进行预测。但是请大家时刻牢记，道氏理论并不是一套关于如何投机获利的游戏法则，也不是战胜市场的百战百胜的工具。实际上，当你在依据道氏理论研判平均指数的时候，必须摒弃一切杂念，专心致志。一旦想得太多，极容易误入歧途。我们都听说过这样的箴言，当新手接触到魔法师的魔杖时，他很容易兴风作浪。

回顾崩盘历史

在牛市刚开始的时候就进行预测，这绝对不是一件容易的事，而且在那时提牛市得不到大众的认可，更不用说预测确定的上涨幅度了。在前文的叙述中，我们曾经着重强调过 1907 年经济危机的突发性。1908 年 1 月 24 日的《华尔街日报》在市场述评文章中回顾了当时的经济状况以及所发生的惊人改变，文章写道：

"举例来说，以美国经济从极度繁荣到极度萧条的转变为例，几乎在一夜之间，经济形势就从一个极端走向了另一个极端。即便是在这样的恐慌席卷整个华尔街之际，还是有一家铁路公司的高级官员公然对外宣称，就在前一天，他们公司的货运量达到了历史最高峰值。然而三周以后，还是这位官员，再次对外宣称公司的业务突然之间消失殆尽了。这样的例子在当时的华尔街不胜枚举。"

"自打华尔街开始恐慌以来，迄今为止只不过才三个月的时间，然而这段时间已经足以让全国的经济形势发生翻天覆地的变化。三个月之前我们还为车辆不能满足货运的要求而发愁，但是现在，铁路沿线和各个站点却停放着数以万计的空车厢；三个月前，钢铁的交易还交投活跃，处于历史上最好的时期，然而仅仅5到6周时间之后，市场需求已经了无踪迹，倒闭的工厂随处可见。在过去的十周内，钢铁的产量下降得如此突然和猛烈，以至于如果用图表来描述它的变化情况，我们将得到一条几乎是垂直斜率的曲线。”

识别牛市

1907年到1908年冬春交替之际，正是美国经济形势最不景气的时候，然而股市晴雨表却出人意料地推测出牛市即将到来。这一预测是上一节所摘录文字的一个有益的补充，而且两者可以相互印证。尽管大萧条是大家都公认的目前事实，但是股票市场不是根据现在的状况，而是依据足够远的未来的经济状况作出判断的，而且股票市场从来不会作出模棱两可的表态。我们可以看到，《华尔街日报》在上述引文中只是报道了当时众所周知的事实。而从任何一张平均指数走势图都可以看到，萧条时期的指数虽然正处于最低点，但是并没有击穿平均线。随后经济就开始进入扩张阶段，直到当年的11月份。然而股市晴雨表早在12个月以前就已经预见到了这次上涨趋势。当地平线上还没有出现一丝亮光的时候，忠诚的股市晴雨表已经看到了复苏的迹象。

向“轻浮的”复苏观开炮

现在回顾自己当初所承担的责任，依然心有余悸，我必须感谢道氏理论，正是因为拥有了它，才能使我在恶毒的攻击面前屹立不倒。在那些煽动者的心里，华尔街永远都罪无可恕，因为每次他们犯错时，华尔街却是对的。那个冬季是一个失业的冬季，人们心里普遍都充满了不满情绪，举国上下充斥着各种各样、形形色色的言论，要求限制、管控、调节甚至打压经济的呼声不绝于耳。我收到的很多读者来信都是谴责我们对股市的乐观态度的，态度之蛮横，言语之激愤无所不用其极。当然现在看来多少有点荒唐可笑，然而在当时这却是非常严肃的事。我们似乎和乡村集市上的打地鼠游戏里的“浣熊”差不多，任何付一点点钱的人都可以拿锤子攻击它。即便是最轻描淡写的指责，也认为华尔街是“尽管大难临头，依然歌舞升平”的无良人士的聚集之地，而当时普遍的观点都认为，市场中有罪恶的投机客在操控走势。

如果现在我们回头看看 25 年前的股票市场走势图，你会发现 1907 年整年的交易金额，是自 1904 年以来最低的。我们假设即使是存在操纵行为，在这样小的成交金额里也不能有所作为，因为操纵股票是需要跟风盘的。然而在熊市期间，或者熊市即将转化为下一次牛市期间，操纵行为总是会受到形形色色的指责，因为此时只需要花很小的力气就可以造成市场恐慌，从而形成踩踏事故，达到操纵的目的。我在前文中已经对操纵行为的本质进行了足够多的论述，证明操纵行为基本上不可能存在，如果当时我没有论证清楚，那么现在的成交量本身就足以证明我的观点。可是那些顽固的反对派们可不这么看，在随后的几个月里，他们仍然用写满各种攻击性语言的信件，不停地塞满我的废纸篓。因为公众是这样看问题的，至少在一定时期内，他们不会接受牛市的观点。

成交量的实际意义

这里值得注意的是，牛市的成交量总是大于熊市的成交量，而且随着价格的上涨而增加，即价涨量增；熊市则与之相反，价跌量减。正常人只要稍加思索便可以得到答案。当市场长期处于萧条之中的时候，很多人无论实际上还是账面上都亏损了，自然拿不出多余的钱来进行投机，或者至少能用于投机的钱相对减少；而在市场繁荣期，许多人无论实际上还是账面上都盈利了，这时几乎是普遍的经验，在牛市的最后时期，人们用于交易股票的金额已经超出了其实际拥有的资产总额。这一点在基本牛市运动中是毫无质疑的铁律，但是运用到次级折返走势中就需要做很大的调整。牛市中剧烈的次级折返下跌走势通常会刺激成交量的剧烈增长，有一个生动的例子可以用来描述这种壮观的景象。1901 年 5 月的那次下跌的成交量，至今为止仍是绝无仅有的，即使是算上只有两个小时交易时间的星期六，也达到了平均每天 180 万股的天量。而北太平洋铁路公司股票事件所引发的恐慌，正好发生在 5 月 9 日。以后的章节中我们将详细讨论次级折返走势的具体情况，现在就没有必要在此展开了。

不偏不倚的态度

至此我们已经提供了足够多的例子来说明如何使用股市晴雨表，丝毫没有冗长乏味之感，也不是为了在面对事后的真实证据之时，指责你说："我已经告诉过你了。"事实上，这些预测之中很少有夸夸其谈的成分。因为任何一个有才智的研究平均指数的人，一旦抓住了股市晴雨表的本质，他就能自己推导出这样的结论，前提是他要有一个不偏不倚的态度。一旦你与股市扯上利益关系，那么你的判断力几乎肯定会受到影响。实际上，买入股票就希望能预测到它上涨，或者卖空股票就希望能预测到它下跌，这是人之常情，人们总是相信他们愿意相信的东西。但是分析股票价格运动的人，和为他人提供指导意见的人，就必须保持一个客观公正的态度。如果他做不到，或者如果他引用了未经证实的假设，那么形形色色的陷阱将使他误入歧途。另外，过于自信的态度在股市中也是不可取的，因它毁掉的投机客，远超过其他所有因素的总和。

令人遗憾的预测

根据道氏理论，两大平均指数之间会相互印证，下面这个例子就出现在两者未能相互印证之时，此时投资者最容易犯错。

1921 年 5 月 10 日，纽约的《美国人》（*American*）杂志冒险在其金融栏目提出了一个预测，因为它从来不做预测，所以为了增强效果，它还刊登了一个经过修改的道琼斯指数图。由于图和相应的数据并没有征得我们的认可，要知道这是我们的专利，那些相信“不义之财不成功”的利他主义者，很高兴地发现这篇文章的作者其实并不了解他所盗用的资料的含义。作者宣称，工业板块股票将会迎来牛市，甚至还预测了牛市能达到的高点。要知道，迄今为止，股市晴雨表从未作出过这种程度的预测。然而《美国人》杂志所预测的铁路板块股票却一直在“原地踏步”。这确实是一个令人遗憾的猜测，而不是预测。工业平均指数此后又下跌了 13 点，在 1921 年 6 月份创下新低。而铁路指数也没好到哪里去，下跌严重，甚至连所谓的原地踏步都不是，更不用说上涨了。

两大平均指数必须相互印证

这是个观察者被工业平均指数误导的典型事例，在没有得到铁路股票平均指数的印证时，工业股票平均指数不可能单独行动。当时工业股票平均指数的运动状态是，一直在一个狭窄的区间里震荡，并没有明显的方向。只不过在经历了熊市中的次级反弹走势之后，工业指数暗流涌动，一度突破区间的上轨，展现出积极上涨的态势。而且如果铁路指数也走出类似走势，那么才能确定新的上涨趋势即将确立。遗憾的是这种情况根本没有发生，这本身也表明，阅读赫斯特（Hearst）创立的《美国人》杂志上刊登的那篇文章的读者并没有受到误导，否则应该大家都会积极买进推进指数上涨。而后来工业指数的表现也证明了这一点，直到7个月以后的12月2日，工业指数才上涨到文章预测的点位。

当然我们也可以慷慨地假设，文章中这位解释股市晴雨表的人或许没有他表现得那么肤浅，也有可能他对1919年的牛市印象太深刻了，因为那次牛市就完全是靠工业板块股票推动而开启的。但是如果你事先阅读了后面的章节“规则中的一个例外”，你就会明白除非铁路股票重归国有，并由政府提供担保，否则这个特例完全不可复制。上文中提到过铁路归国有这回事，投机行为不能染指铁路股，交投的清淡让铁路股和其债券价格一起下跌。根据当时的经济背景，在生活成本急剧上升的情况下，证券价格的下跌也是司空见惯的。

这个实例也证明了这样一个事实，两大平均指数可以在运动幅度强弱上有差异，但是不可能在根本方向上有差异。自打平均指数诞生以来，经过了多年的验证，事实证明这一规律是完全正确的。它不仅适用于市场的基本运动，还大体上适用于次级折返下跌和次级折返反弹走势。但是它不适用于日常波动，用它分析单个平均指数的运动将会得到完全错误的结论。很多时候，单个平均指数的走势以及运动迹象，确实令人难辨真假，显得扑朔迷离，正如我自己亲身经历的一样。现在回过头来看我很早以前因忽略“两大指数必须相互印证”的原则而发表的文章，我不只一次地出现过错误。由此得出结论，就股市晴雨表本身存在的价值而言，错误都源自对它的信任太少，而不是太多。

重新回到主题

本书的主旨是要讨论与股票市场基本运动相关的因素——经济的萧条或者复苏，和真实或者虚假的经济过度扩张。对于1907年经济危机的成因，我有自己的看法。我不认同自诩和我水平相当的作者们的观点，他们把经济危机的原因归结于 E. H. 哈里曼[①]和美国铁路公司从 1901 年到 1906 年的“过度扩张”。他们有选择性地认为，英格兰银行在 1906 年末将利率提高到 7% 的惊人高度，这一金融政策直接导致了铁路股票的疯狂投机行为，参与者则是罗斯福先生所说的“作恶的大富豪”们。

我绝不相信哈里曼一个人就能造成如下的经济危机：1907 年 4 月发生在埃及亚历山大港（Alexandria）的危机，一个月以后发生在日本的危机，当年 10 月份发生在德国汉堡的和同月发生在智利的危机。其中第三个经济危机被伦敦的《经济学人》（*Economist*）杂志评为，自“1857 年以来在这个城市发生的一次最大的金融灾难”，规格之高令人错愕。我们美国自己的经济危机发生在 1907 年 10 月底，比它们都晚。1906 年，詹姆斯 · J. 希尔（James J. Hill）曾认为铁路公司的利润应该以每年 10 亿美元的速度增长，然而这种情况几乎从未出现。我个人以为铁路股的瘫痪状态似乎比 E. H. 哈里曼的铁路股票互惠所有权计划更值得我们关注。后者并没有威胁到公众的权益，州际贸易委员会会通过调节货物运费费率对我们进行保护。

我们正在讨论的是股市晴雨表，而不是天气。这些题外话我们不提也罢。事件发生 14 年以后的今天，我们再重新阅读这段历史，对于那些可以了解当时事实的人，和那些甚至是一定程度上参与进那段历史的人来说，都会备感奇妙。虽然回顾历史很有必要，但是我们的讨论似乎也不应该偏离本书的主题。

---

① E. H. 哈里曼（E. H. Harriman，1849—1909）是美国当时的金融和铁路巨头，他一直到死都很富有，大约有 3 亿美元左右的资产。在他生命的最后三四年中，他赚取了大约上亿的利润，他以一生都坚持只做一种类型的股票——铁路股，他不分白天黑夜地在研究它，从不把注意力转向其他股票和大宗商品。 ——译者注

专家解读

对于股市晴雨表对经济的预测有何指导意义？它能否自我修正？成交量的真正含义是什么？当实际经济状况和股市晴雨表的预测有冲突时应该相信谁？这些都是我们真正关心的。事实上我们A股市场中，很多有影响力的经济学者或者市场中有一定地位的潮人，都曾经或明确或暗示地表明过这样一个观点，即股票市场的走势和真实经济状况没有丝毫关联。理由就是股票市场的走势取决于流入市场的资金量的大小。甚至有人为股市和实体经济是跷跷板的理论，认为实体经济好赚钱了，股市就少有人操作，市场反而不景气。实体经济不景气了，市场也未必好，因为严冬到来，大家都倾向于购买相对稳健的理财产品或者国债以躲避严冬。对于这种理论我不敢苟同，而且放到一个世纪以前的查尔斯·道看来，这简直是就是胡言乱语。但是正常情况下应该是牛市长于熊市，而我们A股市场正好相反。这和我们没有真正领会晴雨表的本质及意义有关吗？

无论本章作者罗列了什么样的事实，有一点是肯定的，即股市晴雨表已经事先考虑到了所有的可能性。它对经济的预测是有前瞻性的，且具有自我修正的特征。市场出错的例证无非就是两大平均指数没有相互印证。在坊间经常流传着这样一种传说，沪深股市的指数有时走势相背，人们会自然而然地认为是操纵大盘指标股的缘故。其实这样的理解有失偏颇。市场不可操控，这种走势只能表明晴雨表的指示不明确，两大指数不能相互印证，肯定是因为市场不能做出预判。而对于成交量的看法仍要简单来看，不能总是臆想里面有多少是主力对敲的运作量。这些都毫无意义，简单来看成交量的大小就行。

本章结论：股市晴雨表能自我修正，能准确预测经济走势；两大指数必须相互印证才能做出判定。

第十三章

次级折返走势的本质和用途

在最近讨论股市晴雨表的几个例子中，我们主要讨论了股市晴雨表的历史表现以及使用效果，现在是时候坐下来对次级折返走势进行进一步的分析了。前面的讨论已经表明，对于股市基本运动，在它初期形成之时，我们是可以预测出来的。然而道氏理论中所提出的次级运动则完全不同。该理论认为市场包含并存在着三种彼此截然不同，而又相互协调的运动——基本的上涨或者下跌运动，以牛市中的回调和熊市中的反弹为代表的次级折返走势，日常波动走势。我们已经通过分析证明道氏理论的正确性毋庸置疑。本章的讨论与其说是针对那些把股市晴雨表当做从事经济活动的指南和风向标的人，不如说是针对投机客和潜在的投资者。

如何定义转折点

如果说判断伟大的牛市或者熊市的转折点比较困难的话，那么判断次级折返走势何时发生就更加困难了。依据经验，我们可以毫不迟疑地得出这一结论。尽管指出次级折返走势的结束点和市场主要趋势的起始点也并非完全不可能，但是我们也不能教条式地看待这种运动的深度、持续时间和程度。我们已经看到，发生在1906年的旧金山地震，一定程度上加重了股市正常的次级折返下跌走势，这次走势十分具有欺骗性，就像一次基本熊市运动的开始一样。类似的事例发生在1901年，北太平洋铁路公司危机所引发的暴跌，力道迅猛而且令人深信不疑，以至于让很多经验丰富的交易员都误以为牛市已经结束。

查尔斯·道曾估计，这种次级折返走势大约会持续40到60天，但是后来的经验表明，这一限定区间的上限很少被触及，事实上次级折返走势的持续时间很短暂，往往不会超过40天。如果仅就波动的幅度而言，日常波动走势也是非常重要的，有时它的波动幅度可以和次级折返走势相媲美。在1917年12月，当公众得知政府会接管铁路公司的时候，铁路股票工业平均指数曾在两天之内上涨了6点，这样的涨幅即使是真正的次级折返反弹走势也达不到。一般而言，市场有这样一个可以帮助我们识别次级折返走势的铁律，即市场上一般普通走势方向的改变是突然的，而基本运动的转折点则是缓慢的。基本运动的转折经常可以从牛市的吸筹区间或者熊市的派发区间中被预测到。

砖家比专家多

但是谁又能预测到如此突然的转折点呢？它似乎也是由一系列因素引发的，但是这些因素又完全不遵从众所周知的价格趋向于价值进行调整的规律，后者是市场主要趋势的功能和目标。这种转折点似乎代表了某种市场技术性的状况，而不是一般意义上信息的集合与反馈。专业人士把这种情况描述成，绝大多数的人都站到了牛市的一边；或者与之相反，人们完全不顾市场股票供给的不断减少而义无返顾地卖空。前文中我曾不只一处、不只一次地建议人们不要进行投机行为。这种善意的态度既容易又廉价，但是倘若一位自由的美国公民感觉到自己具备投机成功的素质，尤其是当他属于那种从不失败的人时，那么我的说服对他无用可能反而更好。在华尔街以外的其他地方，这或许是史上最严酷的考验，但在华尔街可能投机成功的条件稍微宽松一些。尽管如此，事实却是，在金融行业历史的天空中，曾经出现过很多耀眼的流星，但是恒星却寥寥无几。

就市场的次级折返走势而言，专业人士比业余人士更具有持久性的优势，他们的专业经验能使他预见危机。“看盘”属于第六感范畴，场内交易员能够准确地判断出即将发生的变化，这一点是业余人士无法比拟的。少数游戏的业余人士可能比专家玩得更好，大多数游戏专家可能和爱好者水平相当，然而长期来看，在几乎所有的游戏中，专业人士总是会笑到最后，成为最终的获胜者。一般而言，专业人士具备以下特征，以任何相同的下注金额来算，当赢时他们赢得最多，当失败不可避免时，他们损失最小。

专家的优势

桥牌游戏中的叫牌专家认为，一副好牌代表着你有 80% 的几率获胜。即使你的搭档漫不经心或者是发挥不太正常，你们也能获胜，甚至还有可能在相当长一段时间内继续赢下去。然而剩余 20% 的优势决定了一个人是专家还是砖家。如果玩牌的时间足够长，剔除掉运气的因素，优秀的玩家一定会获胜。而且他们能在绝对公平的条件下获胜。事实上，如果他们的胜利是依靠和搭档合谋作弊而取得的，那么他最多只能算是个精明的选手，永远不能成为一流的优秀选手。人们总是倾向于高估骗子的优势。而骗子之所以成为骗子，是因为他们思考问题的方式和正常人多少会有些不同，否则他们不可能成为骗子。我曾在华尔街见过一些骗子，当然人数非常少，他们中间既有专业人士也有业余人士。但是这些骗子很快就会现出原形，而且随着他们仅有的优势的不断消失，他们发现实际上自己的骗术很低级。正如圣经中所说：“无人一步登上邪恶顶峰。”实际上，他们完全微不足道。

进化成专业人士

许多成功的投机客都通过自己的努力取得了成功，例如文德家族的哈尔，他们中有些人并不是股票交易所的会员或者经纪公司的合伙人，因此不得不向经纪公司支付佣金，放弃市场差价。尽管目的各不相同，但是他们最终都进化蜕变成为了专业人士。他们将自己的一生奉献给了自己挚爱的投机事业，这一点和任何其他行业的成功人士一样。在股票市场中，对于那些仅仅只是“偶尔心血来潮”的门外汉来说，无论他们有多么精明，获取到的消息是多么准确和及时，然而要和专家在次级折返走势中竞争，也避免不了亏损的命运。这主要是因为他们不能根据次级折返走势的突然性，迅速调整自己的观点；虽然他们天生不愿意接受亏损，但是如果他们之前的观点曾经正确过，他们就会坚持己见并最终导致亏损。次级折返走势中的反弹或者下跌很少留给人们时间去思考，而专家则能在最短的时间内采取行动。

华尔街通常是牛市

然而当牛市因发生次级折返走势而变得走势低迷时，聪明的业余人士和专业人士的反应完全一致。在过去的日子里，华尔街为自己总结归纳了许多公理，其中之一就是，“不在市场低迷时卖出股票”。但是在熊市中这就是一个糟糕透顶的建议。因为股市会在经历一次快速上涨之后重新回归低迷，而且有经验的交易者们都会相应地再次卖空股票。这样如果一直持有会导致巨大的亏损。但是华尔街却有着固有的牛市情结，原因之一就是这一金融特区无法在熊市中获利，然而与之相反，有人错误地认为熊市才是华尔街收获的季节，邪恶地从他人的灾难中获利。其实对于华尔街而言，佣金才是它生存的基础，而交易量的大小决定了佣金的多少。从前文中我们得知，牛市的显著特征就是交易量急剧增加。熊市中交投清淡，华尔街赚取不到足够的佣金。这就决定了华尔街通常情况下总是健康的牛市状态，从以往的经验中，我从未发现任何一位知名的伟大交易者，既不转向牛市操作，也不退出市场，而是主要依靠在熊市中的杰出操作而著称的。

当我们研究股票市场的主要运动时，发现牛市比熊市持续的时间要长。而且当我们的研究时间足够长时，牛市和熊市的基本运动的次数趋于接近。我们还发现股票市场的总趋势，总是随着国民财富的增长而上升，至少到目前为止一直如此。我个人认为，战争也不会改变这一基本事实，至少在充满活力的美国不会。但是凡事皆有例外，在稍后我们探讨的铁路股的一次特殊运动中，这一假设将会被修正。

詹姆斯 · R. 基恩

单就熊市交易员这一群体而言，说到谁在熊市中做空赚到的和亏损掉的钱几乎一样多，我可以肯定非詹姆斯 · R. 基恩莫属。他死后留下的遗产和花在赛马项目上的钱，都源自于他买入的一些证券，这些证券后来增值不少。说起来多少有点讽刺，一个以做空著称的交易员其财富主要来源于做多。我和基恩从未建立起亲密的朋友关系。虽然我们交往的时间不短，但是现在我可以负责任地说，事实上，作为一名新闻从业人员，我的职业操守决定我不能和基恩这样的大投机家过从甚密。有时无论你们之间的关系多么纯洁，都有可能被人误解，并被冠以大投机客的喉舌的恶名。因为华尔街本身就是各种谣言和丑闻肆意横行之地，而且任何一家历史清白的报纸都不能容忍这样的新闻从业人员的存在。

这并不是说所有的曾经出入过基恩难以接近的办公室的新闻从业人员，或者至少其中的大多数都是不道德的。该办公室是他的女婿泰尔伯特·J. 泰勒（Talbot J. Taylor）在位于布罗德大街的办公大楼中专门为基恩留下的。基恩其人有很多值得交往的地方，他绝不是许多报纸和电视中描写的残酷冷血的金融家。他具备吸引人的品质，极具个人魅力，且为人诚信，言出必行。但是对于那些和他交往的不讲信用的人，他则丝毫不留情面。我们都很欣赏他对儿子福克赛尔（Foxall）所倾注的父爱之心，还有他对自己赛马的宠爱。但是他在华尔街树敌太多，受到的攻击也非常多，但是这一切打击都比不过他最钟爱的赛桑比（Sysonby）的死亡，那是一匹他亲手养大的最出色的赛马，在比赛中总是屡建奇功。当时的新闻记者中称得上了解基恩的人叫埃德温·拉斐尔（Edwin Lefevre），他当时任职于纽约的《环球》（*Globe*）杂志。与其说他是基恩的朋友，不如说他是基恩的鉴赏家。他研究基恩的方法很特别，目的也很单纯，仅仅是为了在他自己的小说《华尔街往事》（*Wall Street Stories*）中塑造人物形象专用。这部小说充满讽刺情节，读来引人入胜。其中《华尔街参孙巨石》（*Samson Rock of Wall Street*[①]）和《金色大洪水》（*The Golden Flood*）以及其他一些故事中的人物就是以基恩为原型创作的。现在看来，这些故事已经过时了，然而对于20年前想要了解华尔街的人，仍然是非常有趣的。

爱迪生·柯马克

为什么熊市操作者总是被冠以市场的“做空者”和“毁灭者”这样的头衔呢？实际上他们的所作所为还远没有达到这一程度，之所以如此还有另一个原因。他们在牛市操作的时候可以躲在幕后，因为牛市参与者非常多，人们来不及关注他们。然而到了熊市，他们的操作行为就非常引人注目，这是因为熊市交投清淡，稍微有点动作就会引起市场的轩

① 参孙是圣经中的人物。——译者注

然大波。正是因此，很多数据也会被曝光。爱迪生·柯马克所处的时代比我生活的时代要早很多，但是认识他的人都说，他在指挥熊市战役的时候喜欢速战速决，但是总是胜负参半。如果不是因为他良好的价值判断能力，热衷于美国经济的繁荣和发展事业，而不是与之相反，他早就应该已经因做空而破产、湮没无闻了。他购买了大量的北太平洋铁路公司的股票，在公司重组时以 7 美元每股的价格买入。比起那些随时准备抨击华尔街的爱国热情的批评家来说，他可能更愿意相信美国的伟大。柯马克或许还不太成熟，而且在南太平洋公司的牛市战役中一无所获，但他是正确的。

做空大宗商品

做空者很少有朋友，因为很明显，只有别人赔钱他才能赚钱。人们对于他们的这种情绪，甚至引发了非常奇怪的不合逻辑的想法，认为他们放弃股票操作是为了做空大宗商品，比如棉花和小麦。但是小麦的空头行情和股票牛市并不矛盾。没有什么可以阻挡美国的伟大繁荣，而且如果地位和购买力都比较低的普通工人，能以更便宜的价格买到更多的面包或面粉的话，相信美国经济会更加繁荣。小麦或者棉花的价格运动和与之相关的股票的价格运动，根本不可能步调一致地齐涨共跌。实际上这些商品的价格常常在证券价格上涨时下跌，这个观点显然不能被人们普遍接受。然而在我看来，卖空小麦的人打破了小麦的垄断行为，即使是他们怀有自私自利的目的，也在客观上做了某种公益事业。

当然这样的观点农民显然不能接受，农民的政治家朋友更不能接受，因为对他们来说，每蒲式耳小麦 5 美元才意味着繁荣，伴随着财富超越贪婪的梦想。但是这很可能意味着普遍的贫穷与饥荒。自从 1919 年属于农民自己的小麦囤粮仓（本质上和其他任何形式的垄断行为并无区别）建立起来以后，农民和他的朋友们就开始变得敏感起来了。他们囤积小麦垄断价格，使得每蒲式耳小麦上涨到3美元以上，虽然期间有无党派联盟徒然无功的领导，再加上一些美国农业“集团”的参议员在道义上的支持，但是这次垄断行动最终仍以失败告终。这次垄断行为失败了，如果说得不近人情一点，他们应该必须失败。因为1920年的股市已经警告过他们，这样的行为注定会失败。如果当时他们能意识到这一点，还可以以每蒲式耳高于2美元的价格卖掉所有的小麦。然而他们没有。

晴雨表的自适应性

迄今为止我们并没有偏离本书的主题，如果我们只考虑全国经济的整体形势的话，棉花或者谷物市场的疲软可能和股票市场的次级折返下跌走势有关。实际上，决定次级折返走势的因素是瞬时的环境变化，而不是决定基本运动的长远环境变化。现在我们明确地提出这一问题：“平均指数能够可靠地预测次级折返走势吗?”如果是在基本牛市运动之中，市场的两大平均指数都走成一个狭窄的波动区间之时，价格一旦低于这一区间，则预示着市场的饱和点被打破，此时预测会出现次级折返回撤走势，自然是正确的；反之在基本熊市运动之中亦然。但是经验告诉我们，当这一狭窄的波动区间形成之时，通常情况下是在发生次级折返反弹或者回撤走势之后，而不是之前。那么这一狭窄的波动区间对于投机客来说，就是非常重要的参考，他们先前卖出了股票，想要再次买回。因为吸筹区间所代表的牛市信号将会指引指数创出新高，会超过之前次级折返回撤走势的高点。根据我们已有的全部资料来看，这种新高是牛市重新确立的决定性证据。

然而本书所针对的读者并不是投机客，而是针对那些想通过对股市晴雨表的认真学习，来了解美国经济整体状况的人。这些人一定会问，那么次级折返走势的真正目的和作用到底是什么呢？如果允许我做个混合隐喻的话，次级折返走势和某些设备需要时不时地校准指针一样。你们都曾见过轮船下水前要转圈圈，却不知道是为什么要这样。我知道这个例子并不完美，但是它可以清楚地表明，次级折返走势的目的就在于校准我们的晴雨表。或者说至少在某种程度上，我们的晴雨表指针可以进行自我调整。不过要记住我们研究的东西并不像水银柱温度计那样确定，后者的属性我们早已熟知并掌握了。股市晴雨表会把每一个可以想到的因素——包括最难以掌握、最不稳定和最不可量化的人的本性都考虑在内。因此，我们不能期望得到物理学上那种机械式的准确性。

好得不像真的

但是我们可能会怀疑自己的晴雨表是不是太准确了。这有点像地方检察官在审案之时，如果所有的证人都异口同声一字不差地讲述同一件事，他就会感觉这个证据好得不像真的。我曾不只一次被问道，是否清楚地知道给定转折日期的最高点和最低点，例如，我们正在刚刚经历过的熊市，最低点是出现在 1921 年 6 月——或者不应该被称作新的低点，因为在接下来的 8 月，工业指数独自创下新低——还是 8 月。但是请等一下，不是说两大平均指数应该相互印证吗？如果你喜欢那样想问题，并且那样想很符合你的思维习惯，那完全是你的自由。反正我看不出这有什么本质上的区别。我已经用大量的数据图表说明了，牛市或者熊市运动都可以通过研究某一只活跃股票的走势，做出专业的数学上的精确预测，例如美国钢铁公司普通股。但是这并不能让我感到欢欣鼓舞，因为我并不相信，这些图表和数据能和我们的股市晴雨表一样，经得起长期的严格的考验。

还有另外一些批评者，极不友好且毫无助益，他们总是对我们的股市晴雨表理论吹毛求疵，因为他们根本就不想接受它。他们不过是一些持不同政见者，当然，他们也可以找到许多股市晴雨表不能预测到的走势，尤其是次级折返走势来说事，但是这又能说明什么呢？按照他们的观点，任何工具都不可能达到他们需要的精确性，因为他们的要求从人性的角度来看，根本就是不可能的。而且我也认为，在人类社会目前发展的道德阶段，没有人可以达到这样的确定性。毁灭世界的方法之一就是，把控制地球的权力从造物主手中夺回，让彻头彻尾且心地善良的利他主义者来管理。

专家解读

股市的三种基本运动中，最不可捉摸的就是次级折返走势。你很难确定好好的牛市，它到底会在哪一天发生剧烈的下跌行情；反之在熊市亦然。正是因为如此才会出现今天割肉明天涨停的情况，左侧交易的缺点就在于此，你必须非常有耐心，否则受伤的总是你。从本章的叙述你至少可以得知，即便是机智如查尔斯·道这样的先知也不能预测次级折返走势，所以你的对策只有两种：要么从不参与次级折返走势，要么忍受次级折返走势。事实上很多人被牛股掀翻马下之时，正是在次级折返走势之中。那些敢于在次级折返走势中做空或者做多的人只有两类，专业人员和疯子。

本章中所列举的个人和事例都是叱咤风云的市场人物和典型的历史操控事件。作者列举所有事例的目的只有一个，逆晴雨表潮流而动的人或者事，注定要失败。

本章结论：次级折返走势不可捉摸，能在这种走势中获利的不是老手就是幸运儿。操控行为，无论是针对股票还是大宗商品，注定都要以失败告终。

第十四章

1909 年及一些历史缺陷

既然本书的目标是为了搞清楚股市晴雨表，那么我们就不应该被仍然存在的困难所吓倒，不管这些困难是真实的还是想象中的。现在我们回顾过去，看看自己已经征服了多少艰难险阻；展望未来，我们满怀信心地继续走下去。或许重要的只是我们走过的路程，而不是最终的目标。这并不是说只要读者读完这本书就一定会有收获，但是只要读完它，这个过程本身就是一种成就。但是，只要我们回头看看就会发现，我们不仅建立了道氏价格运动理论，而且以此为基础建立或推导出一种实用的晴雨表——一种可以预测长期市场表现功能的宝贵工具。现在让我们再次重申一下我们的理论，股票市场存在着三种运动：持续 1 到 3 年的基本上涨或者下跌运动；从几天到数周时间不等的次级折返下跌或者反弹运动；以及日常波动。这三种运动同时发生，就像有潮涨也有潮落，但是每一浪都会高过前一浪向沙滩进步多一点。也许可以这样说，次级折返走势打乱了基本运动的节奏，但自然法则一直在起作用，即便是我们想不遵守它也没用。因此，我们可以认为次级折返走势与基本运动同时并存，基本运动处于主导地位。

失衡的等式

对于前文中我们曾经提到过的经济图表和记录，参照它们非常重要，但是我实在不愿意和编纂这些数据图表的人辩论。我想说的只不过是，这些图标和记录在实用价值上，根本称不上是晴雨表。它们对于未来的分析十分模糊，甚至连它们推理所依据的假设，都是基于伟大的物理学定律——作用力与反作用力相等。它们还向我进一步阐述说，这个等式中已经囊括了一切因素。但是它们在编撰这些图表的时候，显然没有把德国在1918年可能成为战胜国这一因素考虑在内。股票市场在1917年的熊市中，不仅考虑到了它们图表中的所有因素，而且显然也考虑到了德国在第一次世界大战中获胜的可能性。的确，我们几乎无法推测未来会发生什么，除非我们对过去发生过什么了如指掌，并依据相似的原因推导出类似的结果。但是如果仅仅只是这样想当然地推理，那么其预测结果肯定是错误的，或者至少是不成熟的。这样的推测足以让任何一个商人破产。一家经济图表分析的权威机构，不久前曾强烈建议人们买入某一股票，分析的基础是过去十年间公司的利润和分红记录。这本来无可厚非，但是它分析的时候没有考虑到整体经济形势已经发生了变化，而且糟糕的是，这家公司的领导层也因判断失误而改变了经营策略，于是购买这家公司股票的人遭受了严重的亏损。假设一个投资者根据分红记录在1920年买入了——比如说美国糖业公司（American Sugar）的普通股股票，那么他现在的处境又如何呢？

不充分的假设

以上的推理基础过于狭隘，视野不够宽泛，不具前瞻性。就好像不顾病人现在的具体症状，仅仅因为他在过去十年内身体都很健康，就简单地认为他一定能康复一样。这就是推理的假设不充分的一个具体的例子。毫无疑问，公司在管理或者其他方面的变化，有时会毁了有着良好分红记录的公司，这些因素都应该在图表计算的时候考虑到。然而就算考虑到了这些因素，它也只能是一个记录，而不可能变成晴雨表。

气象局预报天气的数据极具价值，但是它们并不能预测一个干燥的夏天或者是温暖的冬天。你和我都知道，依据个人经验可以轻松推测出，纽约的天气大约在1月份会很冷，7月份会很热。这并不需要气象局的帮助。气象局只能给我们不充分的短期预报，却无法预言后天我们野餐时是否会遇到一个好天气①，更不能告诉农民按照今年气候的温度和湿度来看，更适合种植土豆还是玉米。它只能提供历史记录和各种可能性，农民必须独立地判断种植哪种合适的农作物，而我们也要为自己的野餐天气负责。

经济学达人知道的并不多

现在我们已经知道，股市晴雨表确实具有预测功能。它能给我们预测好几个月以后的国家整体经济的总量是多少，甚至能够进一步提醒我们注意国际事件的影响，这些事件会打乱所有以经济记录为基础的普通计算结果。股市晴雨表总是基于一切可以获得的信息来采取行动，这一点我曾不止一次强调过。有一位被称作华尔街“最伟大的经济学家”的人，当然，这个名头主要是拜喜欢夸大其词的记者们所赐。大家都认为他应该对整个国家的经济形势，以及它们对未来事件所造成的影响知道的最多。最近有一次我问他，他觉得自己能获取到多大比例的知识和信息。他说：“我根本不知道。但是如果我能掌握影响股市运动的50%的信息，我就能比华尔街的任何人都更称职。”这可是从一位银行家嘴里说出的话，他管理着伟大的铁路和工业公司的融资活动，而且频繁与国际事务接轨，属于规格最高的一类人。他向来不会过分谦虚，当然也没必要欺骗我。既然他都承认，那么可见政治家们如此炫耀的，认为“经济学达人”们无所不知的观点，是多么的荒谬。

① 本书写于20世纪初，现在预报后天天气没问题，但那时确实做不到。——译者注

大体上准确

关于基于道氏理论的股市晴雨表分析方法，我们已经花了很大的篇幅来讨论。我们已经发现，在平均指数中有时会形成一个狭窄的“波动区间”。它是这样形成的，在足够多的天数内，收盘价一个接一个地都停留在一个狭窄的区间内，而且交易量也基本持平。每当这种走势形成，就意味着吸筹或者派发行为正在进行。如果平均指数超出这一区间，无论上涨还是下跌，都会确定无疑地预示着市场运行方向将发生改变。至少是次级折返走势，甚至有时还会形成新的基本运动。当然，这还要根据两种平均指数是否能相互印证来进一步确认。

我们对两种平均指数必须相互印证这一推论非常满意，尽管它们在各自区间的突破时间上可能不同，不在同一天或者同一周都有可能，但是只要他们选择突破的方向一致就行。而且两种指数也没有必要必须在同一天达到最高点或者最低点，我们的观点只是认为，根据两种指数相互的印证，以确认市场发生了转折。即使是一种平均指数出现了新低或者新高，而另一种指数并没有发生相应的走势，市场的转折也会发生。而且两种平均指数的第一个最低或者最高点会被看做是市场转折的标志。

这看起来有点难以理解，迄今仍让不少人感到迷惑，他们希望平均指数必须是绝对的数学上的准确。我实在不想批评这种观点，因为这完全没有必要。有一位批评家指责我在预测 1921 年 6 月的熊市最低点时错了，因为工业指数在同年 8 月份又创出了新低。是的，但是铁路指数并未做出相应和确认，虽然这位绅士也认可把上升趋势定义为从 8 月开始，而不是从 6 月开始。这样还不至于错得太离谱，因为依照我们的观点，这两个月可以忽略不计。

双重顶的 1909 年

按照当前的讨论内容，我们有必要提一下 1909 年的转折点，这对整个讨论一定很有助益。批评家们总是明察秋毫，他们发现铁路股在 1909 年 8 月达到了前一次牛市运动的最高点——134.46 点，而工业股指数却在 9 月底达到 100.12 点，在 10 月初达到 100.50 点，一直到 11 月初才达到最高点——100.53 点。工业股的最后一个高点代表着所谓的技术分析走势“双重顶”形成。这绝不是一定会发生的，但是通常却很有用。经验表明，当平均指数形成双重顶或者双重底时，我们可以有足够的理由确定，这次基本上涨或者下跌运动已经结束。当然，如果我说 1909 年 8 月份牛市结束，并同时展开了新一轮熊市运动，那么一定会有人纠正我说，熊市不应该从 8 月份算起，应该从 11 月开始才对。但是这又有什么关系呢？我们只不过是在此，将我们所学过的有关吸筹和派发区间的知识结合起来，用于发现 1909 年 11 月的第一个交易周结束之前，派发区间已经形成，并且随之而来出现了向下转折的运动（很有可能是次级折返下跌走势，但是在本例中被事后证明是基本熊市运动），此时（11 月），转折已经发生并造成了无法挽回的后果。

牛市好预兆

在我看来只要有适当的和股市晴雨表一样的仪器，我就敢预测包括所有人性本身不可靠因素在内的市场行为。从来没有哪个牛市可以和 1909 年相比，因为它在最高点或稍低几点的位置给出了充裕的锁定利润的机会。在前面章节的讨论中我曾经说过，1907 年 12 月开始的这次牛市实际上是不受欢迎的。因为在罗斯福总统的过度干预下，前期的熊市已经让许多公司进入了发展的蛰伏期。而总统本人也没有意识到，被他指责为“富有的恶人”的群体与他对峙的时间长得离谱，而那些比这些恶人还要无知和虚伪的人，又从中受到了毁灭性的影响。

批评家

对于许多有名望并且具有一定能力的批评家来说，1908 年到 1909 年的牛市确实让人高兴不起来。我曾经向读者推荐亚历山大·戴纳·诺伊斯所写的《美国金融四十年》，这本书我一直很推崇，依据他这本书的结尾段落可以得出结论，他分析的历史只包含 1909 年年初以前的事。看起来他对当时正在进行中的牛市不是很满意，指责它不合时宜。但是他肯定不会想到，这次牛市会一直强劲地上涨到 1909 年的 8 月——铁路指数的最高点，或者 11 月——工业指数的最高点。而且即使到了 12 月 31 日，铁路指数仍保持在 130 点左右的高位运行，因为 8 月中旬的最高点也不过才 134 点。同时的工业指数仅仅只比最高点低 1 点。诺伊斯先生在谈到这次牛市的时候，做出了一个某种程度上不太成功的预测。

随着 1909 年年初的到来，这场轰轰烈烈的表演结束了，所有的真相在一夜之间突然水落石出，钢铁的价格和其他大宗商品的价格也开始下跌，股票交易所的表演也结束了。在 1908 年即将结束的时候，这段历史也将谢幕，因为它代表了一个历史篇章的终结。

但是从平均指数的历史记录中，我们可以看到，历史的篇章并未如诺伊斯先生所说的那样终结。而是一直持续到 1909 年 8 月，或者 11 月——这要看我们主要依照哪一个指数——牛市才告终结。而我们已预见的到的下一次萧条，熊市直到 1910 年 1 月才“擂响了战鼓”。这里，我们看到了一位知识渊博且有能力的观察者，错把历史记录当做晴雨表来使用的例子。

过于简洁的记录

研究历史的人总是持续不断地后悔，因为可供研究的真实的历史实在是太少了。很不幸，我可以谨慎地宣称本人也是其中的一员。平均指数实际上也只有不过25 年多一点的历史。当我们宣称20 只活跃的铁路股票走势必须和20 只活跃的工业股票相互印证时，从我的角度来看，至少在一定程度上意味着，不超过40 只股票的走势，不足以刻画整个市场的群像。因此在后面章节的讨论中，我会尝试使用15 只不同板块的和行业的股票，逐月计算出平均最高点和最低点，以提供1860 年到1880 年20 年间的部分的、不完整的历史记录。为了避免误会，我现在就声明，首先这一数据不是多年以后编纂的，是当时的实时记录；其次，我并不认为这个样本具有任何结论性的教学价值，或者它与同时代发生的事件保持一致。但是毋庸讳言，它所给出的经济数据完全值得信赖，就像今天我们信赖两大平均指数的股市晴雨表一样。

历史记录中的谬误

然而我对历史的批判远不止当前我们讨论的这些内容，所有可以获得的历史——最早可以追溯到从埃及到小亚细亚所谓的“竞技比赛的摇篮”的时候——都是我批判的对象，因为那时的历史记录中就有错误。它所记录的都是关于法老王朝的事，却完全不提中产阶级，正是他们富有成效的管理使得这个王朝变得繁荣富强，使统治者拥有了真正可以统治的人民。我们都知道世界上的规则和斗争无所不在，奴隶和手工业者都想有各自不同程度的自由。牛津大学的教授索罗尔德·罗杰斯(Thorold Rogers)，许多年前曾编撰出版了英国从都铎王朝（Tudors）以来工资制度的变迁。历史似乎关注上层人物太多，留了一小部分给底层人物，但是对中产阶级却毫无记录（或者几乎如此）。而我们都知道，如果一个国家存在任何形式的经济活动的话，那么中产阶级就是经济活动中最直接的智力源泉。

经济记录在哪里

对于迦太基人（Carthaginians）我们又了解多少呢？他们可是那个时代最伟大的贸易王国。在研究他们的贸易之前，我们不必提汉尼拔①领导的各种战役，也不必提第二次布匿战争②，不提所有迦太基人辉煌的历史，仅考虑一个典型的迦太基商人在一年中的对外贸易活动就可以窥得全貌。我们从这个商人写于公元前 250 年的记录中，比从《罗马帝国兴衰史》（*Decline and Fall of the Roman Empire*）中学到了更加实用的知识，更能适用于今天经济生活的实际规范。因为帝国的兴衰史中只是偶尔提到了迦太基，更不用说他们在当时的具体经济贸易活动了。

这位普通商人到底是如何进行自己的贸易活动的呢？他从康沃尔（Cornwall）买锡，从提尔（Tyre）买染料，世界各地都有它的通讯联络员，交易的范围从西方世界的英国一直延伸到东方国度印度。他会为（或者愿意为）购买锡或染料专门支付金币或者银币吗？也有可能他是通过以物易物的方式进行的交易，或者两者兼而有之。他是如何付款的呢？

---

① 汉尼拔·巴卡，拉丁语为 Hannibal Barca，前 247—前 183 年，北非古国迦太基著名军事家，出生在巴卡家族。其生长的时代正逢罗马共和国势力的崛起。少年时随父哈米尔卡进军西班牙，并向父亲立下要终身与罗马为敌的誓言。他自小接受严格和艰苦的军事锻炼，在军事及外交活动上有卓越表现，现今仍是为许多军事学家所研究之重要军事战略家之一。——译者注

② 第二次布匿战争是古罗马和古迦太基之间三次布匿战争中最长也是最有名的一场战争，前后共作战 16 年——前 218—前 202 年。这次战争以后罗马开始称霸西地中海，迦太基实力大大减退，被迫接受苛刻的条约，直到第三次布匿战争为罗马所灭。——译者注

他们怎么处理交易余额（如何找零）？他们记录有商品交换的账目吗？尽管没有记录在莎草纸或羊皮纸上流传下来，但是我个人倾向于认为这些他们都有，只是形式上或许和现在不同。可是历史不会专门告诉我们想知道的某一件事。迦太基人是如何保持在国际贸易中的收支平衡的呢？他们肯定需要做到收支平衡。约帕（Joppa）、西顿（Sidon）或者亚历山大（Alexandria）的商人们都有相关账目或者类似的东西传世，记录了他们从迦太基进口了什么，又向那里或者其他地方出口了什么。罗马欠迦太基的账目以及这种三边贸易形式，肯定需要一些复式记账的知识。关于这些，历史又能告诉我们多少呢？当然什么也没有。然而这些知识对我们来说却是无价的，会让我们少犯错误，这一点是色诺芬①关于万人远征的不朽巨著所无法比拟的。

谁资助了薛西斯大帝（Xerxes）

上帝绝不允许我们忘记塞莫皮莱（Thermopylae）山口那鼓舞人心的英雄事迹②。在那场伟大的战役中我们看到，300 名英勇无畏的战士明知道面对自己的是死亡，却表现出了英勇无畏的个人英雄主义气概。而武装到牙齿且不可一世的薛西斯大帝③的“五百万”大军的军需粮草是由谁资助供给的？“起伏的山峦望着马拉松——马拉松望着茫茫的海波”④。但

① 色诺芬（Xenophon，约前427—前355 年），雅典人，军事家、文史学家。他以记录当时的希腊历史和苏格拉底语录而著称。——译者注

② 塞莫皮莱战役，4000 希腊战士对抗 300 万波斯大军，300 名希腊战士坚持到最后，保住了国王的尸体。——译者注

③ 薛西斯大帝，波斯帝国的国王，前 485—前 465 年在位，主要功绩就是镇压希腊人暴乱。他率大军入侵希腊，洗劫了雅典，但在萨拉米海战中被打败。薛西斯一世晚年纵情于酒色，亲信小人，导致波斯帝国内乱。——译者注

④ 出自诗人拜伦的《哀希腊》（*The Isles of Greece*），拜伦被勃兰兑斯认为“给他那个时代的诗歌文学打上了最后的决定性印记”的英国伟大诗人，他在 37 年的短暂生命中写下了大量的优秀诗篇，此为第三小节首句，采用查良铮译本。——译者注

是就算他们彼此相望直至海枯石烂，还是无法告诉我们运送战败的波斯人的舰队，总共花去了多少储备物资。“希腊战舞（Pyrrhic dance）今犹在，不见当年出征军”①。我们不跳这些战舞也罢，问题是这些跳着战舞的军队是如何保证自己的一日三餐的呢？而且那么多食物要从哪里进口呢？尽管历史中没有这些相关的记录，但是我也不同意亨利·福特（Henry Ford）的历史观——认为历史就是“夸夸其谈”；我们为什么不能对公元301年戴克里先②颁布的固定价格法令的经济后果进行令人信服的分析呢？

希腊人是从哪里买到他们需要的海军军备的？这些军备他们是如何集散的？他们是如何结账的？是用金属铸币还是写在羊皮纸上的账单？这些账单可以将商人之间的债务关系进行转移，最终从第三方寻求账目的平衡。遗憾的是，所有这一切都未被记录进传统的历史之中，而现代史中也很缺乏相关记录。直到19世纪中叶，才有一位叫格林（Green）的人写了一本名为《英国人民简史》（*A Short History of The English People*）的书。书中主要讲述英国人民的历史，而不是国王的。然而它的篇幅太短，另外，英国人民中最重要的部分也被忽略了，就是关于那些可敬但鲜为人知的人的历史。他们货通天下，但是又想方设法地“避开了新闻报纸”。人们一般不会忽视导致《大宪章》（*Magna Charta*）签署的一系列历史事件，可是我对约翰国王（King John）并不感兴趣。我所想知道的仅仅是商界和金融界的人物的故事，它们的代表人物是来自约克郡艾萨克的沃尔特·斯科特（Walter Scott），而不是其他历史记录。从实际的历史价值来看，这个饱经风霜的犹太人的只言片语，比金雀花

① 源自拜伦《哀希腊》，第十小节首句。——译者注

② 戴克里先（Diocletian，243—约316），古罗马皇帝，他在位期间改革内政，加强军队，整顿税制与币制。——译者注

（Plantagenet）王朝的王位更重要。[①]

中世纪的银行业状况如何

我们对早期的历史学家研究得越多，就越对他们的无能感到惊讶，他们怎么能认为历史事件是不证自明的？难道就因为他们都来自一个除去政治因素之外，没有在历史中留下记录的阶级吗？弗鲁德（Froude）在他的历史著作里花费了大量的篇幅来讲述阿拉贡（Aragon）的凯瑟琳（Catherine）王后离婚的事[②]。凯瑟琳王后嫁给亨利八世（Henry VIII）的时候陪嫁了不少嫁妆，当时在接受这批嫁妆时肯定有财务上的往来，但是关于这一点，弗鲁德却只字未提。我也曾听某位资深的新闻报纸从业人员说过："最有趣的新闻从没上过报纸。"这句话多少带点犬儒主义哲学的味道，但是它却是事实。很明显，我们同理可知，最有意义的历史很少被记录入历史。

塞缪尔·佩皮斯[③]所写的日记并没有发表，但是它却比任何同时代或者以后时代发表的著作，更能让我们了解王朝复辟时期的真实历史，其原因就是上述理论的真实翻版。也正是从这个时候开始，我们对两个半世纪以前银行业是什么样的，以及银行是如何在伦敦这样的大城市运作的，有了一个大体上的了解。仅从已知的历史资料来看，银行业实际上

---

① 金雀花王朝，法国称为安茹王朝，首任英格兰国王亨利二世，从 12 世纪起统治英格兰，历任八世君主，"金雀花"是亨利二世的父亲、安茹伯爵若弗鲁瓦五世的绰号，据说若弗鲁瓦常在帽子上插着金雀花。——译者注

② 凯瑟琳王后（Catherine of Aragon），1485 年 12 月 16 日—1536 年 1 月 7 日，是英国国王亨利八世的第一任王后。——译者注

③ 塞缪尔·佩皮斯（Samuel Pepys，1633 年 2 月 23 日—1703 年 5 月 26 日），英国托利党政治家，历任海军部首席秘书、下议院议员和皇家学会主席，但他最为后人熟知的身份是日记作家，他在 1660—1669 年写下的生动翔实的日记于 19 世纪被发现后，被认为提供了英国复辟时期社会现实和重大历史事件，如伦敦大瘟疫、第二次英荷战争、伦敦大火的第一手资料和研究素材。——译者注

的起源不会比17世纪末英格兰银行（Bank of England）的成立早。而在此之前有关银行业和商业活动的记录罕有只言片语存于世。其实据我猜测，在荷兰，西班牙和葡萄牙的殖民扩张期，或者更早一些，在热那亚和威尼斯的经济繁荣贸易期，一定会留下一些有价值的经济历史记录的。但是那些令人尊敬的历史学家们却似乎认为，国王某一私生子的出生，远比一种全新贸易渠道的开设更重要。而贸易渠道正是为国家的发展创立金融机制所必须的、有机的组成部分。

信用凭证是如何出现的

有一点我可以确信，即银行业甚至是跨地区银行业务，在中国至少已经存在了两千年之久。它早已拥有了银行机制通常具备的要素：汇票和信用凭证。只是在形式上略显简单。还有一点我也要承认，即今天的银行业中的信用凭证体系结构，都是近现代才产生的。但是如果仅仅因为缺乏对历史的了解，简单地认为它完完全全是现代的产物就会失之偏颇。同理，迦太基人，热那亚人和威尼斯人的贸易基本上依靠以物易物，但是我可以肯定他们不完全是以物易物。不论是《教会法》（*Church canon law*）还是《圣经》本身以及其他一些类似著作，都多次提到了高利贷的罪恶行为。但是高利贷能计算利息，利息又意味着信用，就像铸币意味着交换一样。这本身并没有什么罪恶可言。可是我们也要搞清楚，高利贷不仅不同于典当行业，而且也不是中世纪的银行业。有证据表明，有的人不光是贷款人，而且同时还是借贷方。而当时的商人和现在的一样，远比神学家们更为实际，他们能更能区分合法获取的利息和高利贷之间的界限。我们所面临的问题是，历史学家们在相当长一段时间之内，受教会所持有的货币借贷态度的影响，一方面他们坦承自己对此不甚了解，一方面他们又极端教条化，完全按照教会的教条办事。我个人倾向于认为“黑暗的”并非中世纪这一时代，而是历史学家本身。我甚至赞同我的朋友詹姆斯·J. 沃尔什（James J. Walsh）博士的观点，在艺术和文学两个方面，就真正的文明和成就而言，我们今天的社会和 13 世纪的欧洲没什么区别。就算是他这样的对历史研究透彻，而且独具见解的人，也没能在历史资料中找到任何古代贸易机制运作的有用证据。

合理且保守的预测

关于晴雨表在市场转折时所起的作用，1909 年的股票市场正是一个极好的实例。1909 年 9 月 11 日，正值铁路平均指数达到历史最高点一个月之后，《华尔街日报》发表评论说：

"类似本周四这样的平均指数的下跌，经常预示着基本下跌运动的开始。可能这个迹象还不够权威，但是即使我们认为牛市可能重新恢复，'因为所有的坏消息都已经人尽皆知了'，平均指数的表现却令人沮丧。"

"尽管本报从来不奉行悲观主义的论调，但是在市场到达顶部区域时，我们还是诚恳地建议大家采取保守的投资策略。"

在此之后市场表现的相当稳健，只是在年底时出现了一次修正的次级折返走势，《华尔街日报》仍然对平均指数继续发出了警告，1909 年 10 月 28 日，在重现原来牛市所需要的反弹力度后，进一步指出：

"根据平均指数多年来价格运动的表现，完全不考虑其他任何角度，我们仅从纯技术的角度来看，晴雨表表现出了令人担忧的萧条迹象，这一迹象值得有思想的交易者们认真考虑。"

股市晴雨表不断增长的有效性

当时的人们普遍接受的观点是 1910 年将是牛市，而且两大平均指数当时的位置也只是略低于历史最高点，但是《华尔街日报》仍然在 1909

年12月8日的述评中表明了不受欢迎的熊市态度。它当时引用的论据之一非常有趣，非但和平均指数无关，而且竟然是因为成活生本过高！在1909年12月28日，那些期待出现一月繁荣走势的人——因为每一年的年初开门红走势是大家热议的话题——都无一例外地受到了打击。尽管这样的例子很多，但是这个事实足以表明，在讨论距第一次世界大战爆发四年之前的有些优柔寡断的市场走势之时，股市晴雨表早在12年前就已经开始忠诚地履行自己的职责了。

专家解读

经济学达人到底知道多少？这是一个迷信权威的时代，曾几何时，我们总是关注某位经济学家对宏观经济的研判，其言之凿凿、有理有据的样子令人动容。然而多位专家的意见往往相左，这多少会令我们无所适从。而实际上，他们知道的并不比我们多，与我们相比，他们的优势体现在经济知识的全面和体系化方面。我们常常会在生活中看到纵横股票市场的作手，往往并不需要多高的经济学知识。记得很多趋势交易的导师，宁肯招聘一些对市场一无所知的人做学员，他们最后都成为了很好的职业股票交易员，海龟交易训练营就是这样一种风格。顺势而为的操作理念非常简单，正确就持有，错误就止损，虽然错误的次数比正确的多，但是综合来看利润还是非常可观。所以从本例中我们应该得到的教训是：不迷信专家，只相信自己的判定和股市晴雨表的指示。

作者在本章中对重大历史事件中经济的运作的探究，无疑能引发读者很大的兴趣，那些在真实的历史事件背后隐藏的真相，确实能够反映那个时代经济生活的真实状况。这令我们读者也学习到这样一种方法，即从历史的只言片语中推测出当时的经济状况。这对我们投资者判定公司股票的价值很有助益。

本章结论：专家并不像他们所表现出来的那样——知道的那么多。对历史事件的探查应该多一个角度看问题，即从经济运作方面去看。

第十五章

“线型”区间和一个例子——1914年

在过去我们对股市晴雨表的讨论中，工业股票和铁路股票有许多对每天收盘的“买盘”的相关记录。再考虑到两大指数必须相互检验和相互印证这一原理，我们着重讨论了“线型”区间这一概念。毋庸赘言，没有可以参考的价值就没法进行一天的交易。尽管有时交易量很大，但它并不能表明一般的趋势。针对平均指数的道氏理论把这种运动归结为最不重要的第三种运动，也正是因此，现在让我们把这种日常波动运动想象成不规则的潮汐运动，它们之间有很多类似的地方。比如芬迪湾（Fundy）异常的潮汐波动，或者中国某条河流的入海口发生了潮涌，这些都不会影响整个大海的潮汐规律。而大海真正的潮涨和潮落规律需要花很长时间才能形成。

定义

线型区间可以被定义为，出现在熊市中的次级反弹走势或者牛市中的次级下跌走势之前的一种均衡走势，在极少数情况下也会出现在基本运动发生变化之前。我们可以肯定地说，这个线型区间不是吸筹区间就是派发区间，这几乎已经是一个一致公认的公理。因为线型区间形成之时，就是多空双方力量均衡之时。在平均指数的历史走势中就出现过一些非常显著的线型区间，我们也已经分别指出了它们的具体含义。

战争预测

为了展示更多的作为股市晴雨表的平均指数的特殊价值，我们就用它来预测一些华尔街自己都不知道的事，或者根本就没有意识到的事。在1914年5月到7月之间，两大平均指数都形成了一个明显的线型区间，而我们这里要讨论的是，这一线型区间形成之后接着爆发了第一次世界大战。再没有什么比这件事对平均指数的考验更严格的了，战争令全世界都感到震惊。我们想问，股票市场事先预见到了吗？我可以公正地说，是的。而且不仅如此，它早在7月底之前就已经预见到了这一麻烦中最重要的角色的登台表演，而德军在8月3日到4日才越过边界进攻比利时。

下面我们来具体分析。

股票市场从1912年10月以来一直处于基本的熊市运动之中，但是从1914年5月起，两大平均指数开始形成一条很长的线型区间。铁路平均指数的波动区间是从101点到103点，而工业平均指数则在79点到81点之间波动。期间只有一次铁路平均指数在6月25日跌至100点，突破了区间下轨而提出了预警。考虑到保持分析预测的连续性问题，剔除这一天异常警告，铁路平均指数和工业平均指数的线型区间分别持续到7月18日和7月27日就终止了。以最晚的日子计算，比德军入侵比利时提前8天验证了之前铁路平均指数提出的预警。

"线型"区间的定义

图 15-1 展示了从 1914 年 5 月 1 日到 7 月 30 日的所有数据，它能说明很多问题。这是平均指数众多普通记录中的一个，代表着被称作吸筹区间或者派发区间的线型区间。截至 1914 年 4 月末，熊市已经持续了 19 个月。所以我们可以合理地推测，如果不发生战争，这将是一个预示着牛市到来的吸筹区间。而实际上牛市开始于当年的 12 月份，此时的股票交易所也刚刚恢复营业。

这张图表还能回答这样一个问题，即这条线型区间的长度和宽度应该满足什么条件。当然，从理论上讲它的长度可以无限长。不过在这个例子中，工业指数的线型区间延长了超过 66 天，而对应的铁路指数是 71 天。继续观察可以得出，工业指数的最大波幅为 3 个点，而铁路指数的波幅则稳定在 4 个点。这条线型区间事后被证明是派发区间，因为当时市场上的股票供给已达饱和状态，导致股票交易所因缺乏买家而停止营业。这种事自 1873 年黄金危机以来还没发生过。

铁路股平均指数

```
"———————————————————————— 5月 ————————————————————————,
                                                103 103 103 103 103 103 103 103 103 105
102 102 102 102 102 102 102 102 102 102             102 102                         102
                        101 101 101
                                       - 6月 -
                    103 103 103 103 103 103 103                 103 103
102 102 102 102                             102 102 102 102 102                     102
101                                                             101 101 101 101
                                                                100
                                       - 7月 -
                103
102 102 102 102 102 102
                        101 101 101 101
                                    100 100 100 100
                                                        98  98  98
                                                            97  97  97
                                                                    96
                                                                    ..
                                                                    ..   94
                                                                    93
```

工业股平均指数

```
                                       - 5月 -
                                    81  81  81  81  81  81  81  81  81  81  81
80                         80  80  80  80               80  80                  80
79  79  79  79  79  79  79
——————————————————————————————— 6月 ———————————————————————————————•
      81  81  81  81  81  81  81  81  81  81  81  81  81  81  81  81  81
80 80                                                             80  80  80  80  80
                                                                  79
                                       - 7月 -

        81  81  81  81  81  81  81  81
80  80                              80  80  80  80  80  80  80  80  80
                                                                79  79  79

                                                                         76  76
```

图 15-1 1914 年 5 月 1 日到股票交易所开始停业之间的平均指数

图注：每一个数据都代表着 20 种铁路股票和 12 种工业股票的平均收盘报价以及一个完整的交易日。

到底发生了什么

到底发生了什么？持有美国股票的德国人和消息灵通的欧洲银行家们在大肆抛售股票，因为他们事先得知了战争的消息。如果没有战争，它们抛售的股票都会被美国投资者以低价买走，这种低价在熊市十分流行，但不具代表性。到 1914 年 7 月为止，熊市已经持续了 22 个月，市场上充斥着这种不正常的低廉价格的股票。然而美国投资者还是在接下来的一年时间内消化了这些抛售股票。本来发行股票供给市场进行融资，这是华尔街自己的职责所在。但是由于战争的原因，欧洲的股票持有者抛售股票，而且战争贷款也迫使其他投资者清算，这些因素都使得欧洲取代华尔街完成了提供股票供给市场的任务。

然而发行新股通常需要在社会拥有了一定的积蓄，而且时机较为成熟时才能进行。供需平衡被打破，股票市场自然会提前做出反应。另外，战前对铁路公司的过度管控——当然，现在已经被认为是一种经济犯罪——使得铁路公司纷纷失去了创新盈利的能力。在这场灾难来临的 5 年之前，投资大众的注意力就已经转移到工业公司的股票上去，这给工业股带了很多机遇，但其中也不乏带有危险的投机性质的机遇，例如在通货膨胀期间，大肆开展石油股票发售活动这种不靠谱的事。如果不是美国证券在海外还有一些市场，而且战争把我们从债务国变成了债权国，那么市场上根本就没有什么资本融资的机会。这两个原因也使经历了 1914 年 7 月底的市场下跌，股票交易所关门歇业，到当年 12 月重新开张之后，市场只稍微往下探了一下身，就随即展开了一场伟大的牛市。

关于成交量

知识的可贵之处在于，它不仅能告诉我们该做什么，还能告诉我们应该避免什么。所谓的内部信息，在华尔街从来都是一种危险的商品。尤其是当你依据它进行交易时。但是内部信息也有另外一种功能，它能防止你被不可能正确的谣言所侵扰。认真研究平均指数足以让你发现一个“线型”区间——事后被证明是吸筹区间，它本身就是一个确定的信息，不仅对交易者来说非常有用，而且对那些把股市作为预测全国经济基本趋势的工具的人，也极有价值。

现在是时候对卖出成交量做出一些额外解释了。人们一般过于看重成交量的意义。其实它是一个相对的概念，在相对平静的市况中看起来较大的成交量，放在活跃市况下就显得微不足道了。但是只要这个线型区间是吸筹区间，那么它将吸收所有的市场供给，不管市场提供的是 30 万股还是 300 万股。这就好比下雨天气中的阵雨，它们在密度、区域和持续时间上各有不同，但是它们都是空气中水分达到饱和点之后的结果。下雨就是下雨，不论它的覆盖范围是一个州还是整个美国，持续时间是 5 小时还是 5 天。

如何判定牛市

经常有人会问，我们是如何判定次级折返走势，比如反弹走势，在何时会演变成基本牛市走势的呢？答案就在平均指数一连串的“之”字形走势之中。如果熊市中的次级折返运动，走到反弹的顶点之后略有下跌，跌到比反弹之前的最低点高的位置再次展开反弹，并且接着反弹超过了前次反弹的最高点，我们就可以确定地认为，基本牛市运动已经形成，只是持续时间尚不确定。晴雨表当然无法预测到股市运动的持续时间，就像无液晴雨表无法在 10 月 30 日就告诉我们总统大选日（Election Day）的天气一样。[①]

股市晴雨表的局限性

我们不能指望无液晴雨表无所不知，这不现实，而且我们也都知道它常常会发出错误的预报。即使是不出错，水手们也不太会把它的指示当真。股市晴雨表也是这样，我们对其必须明智地进行分析。外科医生和内科医生在我们这个时代一直是很有助益的群体，他们利用 X 光片让人类的生命得到延长，幸福得到保障。但是医生也会同时告诉你，X 光片必须由专家们分析研判。对于那些不经常使用它的全科医生来说，它反而可能会觉得不好理解和具有误导作用。例如，有人的牙根上长了一个“脓包”，X 光片对于他这个外行来说毫无意义，甚至对于个别牙医来说也是如此。但是牙医可以通过训练学会看 X 光片。同样的道理，任何一个对股市运动感兴趣的，而且绝不是仅以投机为目的的门外汉，都可以通过训练学会研读股市晴雨表。

投机行为的功能以及不可或缺性

对于许多人来说，华尔街是个神秘之所，这可能是因为他们不成功的投机经历所致。他们不责备自己不具备投机的知识，而只是一味觉得自己是被骗了，认为华尔街的欺骗方式并不比赌博游戏高明多少。本书的目的并不是为了讨论道德问题，诸如投机行为是否道德，投机与赌博

① 美国总统大选日是大选年 11 月份的第一个星期一后的第一个星期二。——译者注

如何区分，赌博在十诫（Ten Commandments）中所处的位置，以及卖空行为的罪恶等。作者本人认为，投机行为作为人依照自己意愿从事的一种交易方式，不存在任何道德上的劣势。或者换而言之，它的道德性毋庸置疑。这和人类其他商业活动的合理性一样，要是有人决定把投机作为自己的事业或者事业的一部分，那么其中的道德问题就只是纯学术上的问题。就其功能而言，投机行为是一个国家在其发展过程中最必不可少的行为之一。我们可以用更积极向上的词汇形容它来激励这种行为，如冒险精神或者创业精神。如果没有人愿意冒投机的风险以获取比单纯投资更多的利润，美国铁路肯定会在阿利根尼山（Alleghenies）脚下止步不前。而原先被称作“美国大沙漠”的地方——现在也已经是我们伟大的小麦和玉米生产基地。如果不是受益于投机行为，现在那地方依然会是荒漠一片。

拉迪亚德·吉卜林[①]曾经说过，如果英国军队一直等待支持，那么大英帝国会停在马尔盖特（Margate）海滩。股票市场或任何其他自由市场中的投机客，是一个现实的客观存在，而不是一个抽象的理论符号。如果有一天这个国家决定放弃自由市场和必然与之伴随的投机行为，那么对于这个国家来说这将是个糟糕的日子，因为这就表明它已经停止前进，而且在准备开始后退了。

很困难，但并非不公平

我们不能有这样一种错误的观念，认为外部投机客只要在华尔街交易的时间足够长，就一定会赔钱，因为笔者本人就可以列举出很多的反例，尽管笔者并没有开设保证金账户自己进行投机交易。投机是一项必须具备资本、勇气、判断力和谨慎，艰难地研究所获信息的活动，想要

① 拉迪亚德·吉卜林（Rudyard Kipling，1865—1936），英国小说家、诗人，出生于印度孟买。——译者注

获得成功就必须全身心地投入进去，正如我们全身心地投入到其他任何事业中一样。从华尔街的角度出发，把投机行为看作是碰运气式的赌博，不仅在观念上是错误的，而且在行为上也具有误导性。当然，要是你不愿意或者不能够遵守游戏规则，当你和专家们对弈时，在华尔街交易就是纯粹的赌博。只不过这种赌博获胜的几率太过一边倒，你几乎肯定会失败，专业的交易者肯定会获胜。而且他们完全没有必要作弊。在桥牌游戏中，只有懂得如何叫牌，并从叫牌中得到足够信息进而做出正确判断的人，才是科学的玩家。没有人会向他们叫板，除非有人毫不吝惜自己的搭档，否则他一定会放弃这种做法。但是那些在桥牌游戏中不愿意拿自己的和他搭档的钱冒风险的人，却会毫不犹豫地去华尔街投机，那么他们赔钱这件事还值得我们大惊小怪吗？

谁造就了市场

现在看来是时候回答一个本质性的问题了：谁造就了市场？是市场操纵者吗？是发行新流通股的各大银行吗？股票交易所的场内职业交易员吗？是那些喋喋不休地向记者们和国会议员们讲述自己如何赚到大钱，却从不提自己亏损的大"操盘手"吗？

当然不是。

市场从产生那一天起，从来都是由全美国勤俭的投资大众构成的。要是投资大众的综合智慧一致认为，在某一价格，成交量和收益率即将开始下跌，并准备落袋为安时，那么任何金融财团的联盟都不可能通过任何方式制造出一个牛市来。即使是最精明的操纵者，也只能在顺应公众的情况下，在市场人气高涨的上涨期间，刺激某一种或者少数股票的活跃性。我们文中已经数次提到成功的操纵行为——已故的詹姆斯·R·基恩在 1901 年和 1902 年操纵的美国钢铁公司和联合铜业公司的股票发行活动。但是我们没有提及许许多多企图操纵，但是又迫于市场形势可能会导致无利可图，而被迫放弃的操纵行为，对此我们一无所知。大型金融机构通常是证券的发行商，它们的工作就是为上市公司提供发行证券服务，到市场进行融资，把公众的储蓄资金引入到市场中，以供新企业发展需要。个体资本家出于私人投资的目的在华尔街买入股票，我可以负责任地说，并且从他们的遗嘱中得到确认，即使是像已故的 J. P. 摩根或 E. H. 哈里曼这样的消息灵通人士，也会在判断中出现令人难以置信的小错误。其实还有很多人，限于篇幅我们仅以他们二人为例。

投机行为的坚实基础

前文中我们曾经提到过，并以高度精练的形式表述为，股票市场代表了全体美国人对自己经济形势了解的总和，附带地也包括对周围经济情况的了解。如果一个普通人从事批发交易或者工厂生产，当他发现自己的收入在扣除支出后仍有盈余时，很可能会把这些钱投资到可流通的证券上去。如果这种情况是普遍现象的话，那么股票市场应该能预见到并反映出这种情况。因为他可以在 7 月份买入，并在年底分配利润时，根据他所知道的保证金账户金额，决定他是否能提供足额的保证金。然而他可能并不会等到年末，因为他认为他在 7 月份所掌握的信息，到年底很可能已经人尽皆知，而且肯定会在价格上大打折扣。他提前购买，正如他的工厂生产时总是先购买原材料一样，只不过是在证券或者原材料的价格相对便宜之时买入。

我们必须注意到，整个过程中的重点在于良好的感觉，“感觉”一词源于拉丁文中的动词“sentire”，其意思是“通过感官和心灵去感知，感受和思考”。这绝不是感情用事，而在华尔街我们从来不鼓励感情用事。

情操

华尔街知道什么叫情操，它是一种高尚的侠义精神，是冒险精神，是为了崇高的理想目标而奋斗的精神。正是它，让布恩（Boone）翻过了阿帕拉契山脉（Appalachians）；让 1849 年的淘金者们跨越了落基山脉（Rocky Mountains）。它是我们从莎士比亚时代的祖先那里继承下来的，他们带着它驶入了茫茫大海，无视强大的西班牙舰队，最后登上了一块不知名的大陆，并以弗吉尼亚号（Virgin Queen）的名字命名了这块殖民地。正如奥斯汀·多布森（Austin Dobson）在他的十四行诗中吟唱的那样："弗吉尼亚今犹在，西班牙舰队在何方?"海军上将杜威（Admiral Dewey）也会发出这样的感慨。

正是这种情操，为美国的发展提供了无限的生机，而且我们决不能把它和兴之所至、一时心血来潮地指定"官方州花""微笑周"和"母亲节"的行为混为一谈。在英语民族中，"情操"这个词在很大程度上是为了伟大的时刻而存在的。正是这种情操，人们破天荒地为那位拯救民族的无名战士举行了国葬，并在威斯敏斯特教堂（Westminster Abbey）为他树立起纪念碑。也正是这种情操，在宣布停战一年后整个伦敦都屏住了呼吸，集体默哀两分钟。1919 年 11 月，我站在伦敦市长官邸（Mansion House Corner）的街角，静静地默哀了两分钟。那画面感人至深，让我这样不大爱动感情的人也热泪盈眶。

市场中伟大的价格运动从来就不以某个人的个人意志为转移，甚至领袖的个人意志也不能左右它。对于在华尔街进进出出过，或者工作过的人来说，它的内涵要大得多、深远得多。

"智者自有脆弱处，伟人亦存卑微时"。

专家解读

技术分析爱好者可以在本章读到自己喜欢的东西。对于横盘小区间波动的股票，可以肯定的是，这种走势表明了一种市场的态度。多空力量在此处出现了均衡态势。无论是吸筹区间还是派发区间，都表明市场走到此处时的一个犹疑的态度。有时是因为外在的战争、总统大选等因素的情况不明朗，有时是经济本身缺乏明显的增长或者衰退特征。

谈到投机客喜欢的这种技术走势时，作者引出了另外一个问题：谁造就了市场？操纵者说自己没有，“我们只是引导了大众的情绪，真正的走势还是大众买卖造成的”；大银行家和金融财团说“我们也没有，我们只是持有了很大数量的股票，且筹码比较分散，我们所能做的仅仅是锁定筹码或者按照既定配额坚持或者增持而已”；交易所的场内人士和华尔街也表示，“我们仅仅是为客户提供交易场所，执行交易指令，我们不可能造就整个市场”。所以造就整个市场的是客观、冷静、公正的规则和秩序。在此，作者使用了情操一词，这多少有点侠义精神在里面，我们姑且理解为职业操守更为贴切。也就是说，在我们面对利益之时，还有更高的道德情操的要求高悬在头顶。

本章结论：线型区间是一个很好的操作技术指标。向上突破就做多，向下突破就做空，如果是欺骗就止损。但凡事没有绝对。主导市场的更多的是一种高尚的职业操守，而不是我们认为的主力、机构和散户。因为后面这三者根本不能左右市场的主要趋势运动。

第十六章

例外反证规律

谚语就是众人的智慧加一个人的灵感。有时，好辩论的人却认为谚语是不合时宜的。他把它称作外表光鲜的笼统表述，或者众所周知的自明之理。一位法国哲学家曾告诉我们说，所有的概括性表述都是荒谬的，当然也“包括这一个”。虽然它是老生常谈，但这个自明之理很可能是正确的。

人们常说，凡事皆有例外。但当例外太多时，就有必要总结一条新的规则了。这在经济领域尤为适合，最适合我们的目标的谚语应该是：例外证明了规则。尽管库克（Coke）的箴言——“例外最能依据例外证明规则”，并不是我们想要的。但是对于平均指数有史以来最大的例外事件而言，这句箴言却熠熠生辉。

在依据市场价格运动做出任何推断时，两大平均指数——铁路指数和工业指数——必须相互印证，这一原则是我们的推断依据。平均指数多年来的历史表明，两种指数基本上是同步运行的。但是这个规则也有一个例外情况，由于它反过来证实了我们所确定的规则，所以这次例外在本书的讨论中具有非凡的价值。

必要的历史背景知识

对这次例外的研究会增加我们研究的趣味性，因为要解释价格运动的含义，就必须先回顾一下近代的价格运动历史。通常情况下，基本价格运动在形成几个月以后，才能变成明显的运动趋势并为大家所熟知。1918 年，美国宣布加入第一次世界大战大约 9 个月之后，两种平均指数都处于基本牛市之中，而在年底时出现了一次迅猛的次级折返下跌走势。

1918 年整年中，铁路股票几乎一直处于牛市之中，只不过到年末时才出现的抛售现象，却令 1919 年的铁路股票几乎处于熊市之中。当时工业股票的表现相当坚挺，依然保持涨势。就在作者发表本书中的系列文章时，许多的读者纷纷来信对该理论加以攻击，认为两大指数不同步这一铁的事实，足以推翻以平均指数为基础建立的整个理论体系。但是，如果说例外曾经证明过规律的话，那么这就是一例。

请注意，平均指数的成分股中，具体的铁路个股和工业个股都具有一定的投机性，因为它们的持有者经常改变，只有少数更关心自己的本金、并以获取固定收益为目的的人才会长期持有它们。而如果它们不具投机性，那么对股市晴雨表来说也就毫无意义了。1919 年的铁路股票之所以没有像工业股那样形成牛市，主要是因为政府收回了它们的所有权，并且为它们实施担保。这使得它们至少在那段时间内失去了投机性。政府的管控在实际上限制了铁路股的正常运动，无论在牛市还是熊市中，它们最多只能上涨到政府担保的价值水平。

被削弱的晴雨表

在 1919—1920 年，平均指数作为晴雨表的价值只实现了一半，实际上可能还不足一半，因为工业股票的投机运动得不到相应的铁路股票的响应。从图 16-1 中可以看出，这一时期的铁路股并不跟随投机性强的股票市场，而是跟随债券市场的走势而运动。其实对于铁路股来说，它们也从内心里郁闷，因为除了指望政府担保之外，别的什么也指望不上。的确是这样，除非有远见的持有人能够预见到，政府的严格管控对生产能力的破坏所造成的巨大浪费，以及随后该政策的失败。我们还可以从图表中发现，在那段时间内，铁路股票偶尔会和投机性颇强的工业股齐涨共跌，只是其涨幅被限定在政府规定的担保的价值之内。接着铁路股票指数开始下跌，反弹只是基于完全不相关的原因——完全跟随债券市场的波动而波动了。如图 16-1 所示。

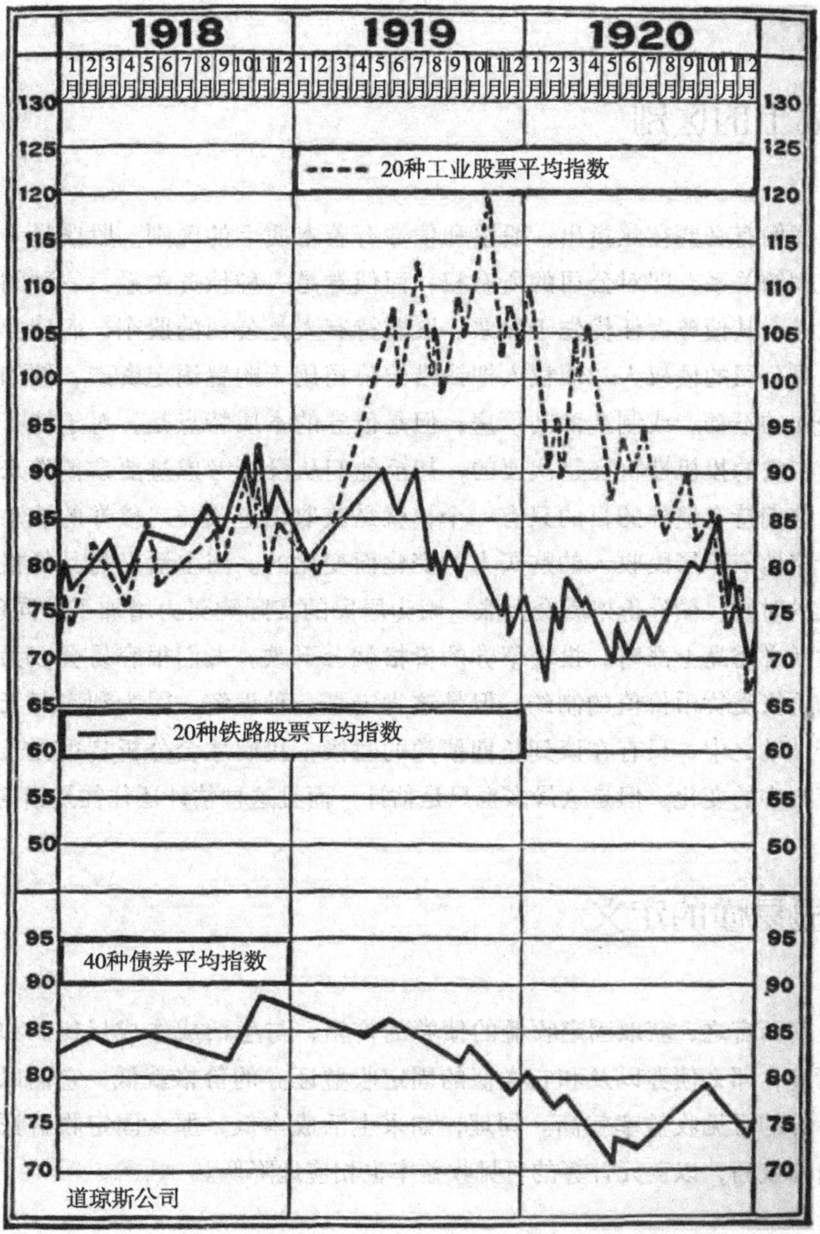

图 16-1　被削弱的晴雨表

本质上的区别

我们有必要在此指出，股票和债券有着本质上的区别。股票是一种合伙契约关系，即对公司的所有权，而债券是一种债务关系，一种约束性义务，其债务责任优先于股票。股票持有人是公司的股东，而债券持有人是公司的债权人。债权人把钱借给公司用于购置固定资产，例如铁路公司的不动产或制造商的厂房；但是债券的本质特点是，对于持有者而言，它的投机性特征是次要的，甚至他们从没有考虑过要拿债券来投机。他们持有债券的目的只有一个，就是获取固定收益。债券的波动总是严格地依照居民收入的购买力的变化而变化的。当生活必需品价格比较低的时候，债券价格就会上涨，因为居民的实际购买力增加了。同理，当生活必需品上涨时，投资债券的价格就会下跌。人们很容易会以为债券的价格受货币价值的制约，但是这肯定是一种误解。因为利率每天都处于波动之中，只有在谈到长期债券的时候，我们才会分析货币在长达几年之中的变化，但是这最多也只是估计，而且这种估计还往往是错的。

浅显易懂的定义

简而言之，获取固定收益的债券的价格，与生活成本成反比。如果后者高，那么债券以及和它类似的固定收益证券的价格就低，它们以美元计算的可见收益率就高。同理，如果生活成本低，那么固定收益证券的价格就高，以美元计算的可见收益率也相应地降低。

政府担保的后果

政府担保的最低回报率的计算，是基于自1917年6月30日之前三年中的平均收益率。很显然，政府取得所有权且担保生效以后，铁路股就正式加入了固定收益类股票的行列。假如它们没有政府担保和所有权收归国有的影响，而是继续保持其本身固有的可投机性，那么决定其价格波动的将不再是生活成本，而是铁路股本身的盈利能力，股票价格主要看的是预期收益能力。其中的理由我们已经多次阐述，即股票市场所反映的不是今天的经济状况，而是反映全美国智者智慧的集合，所能预见到的最远的经济前景。

现在让我们回顾那段战争期间的历史，看看它对铁路股的影响到底有多大。当1917年春季美国宣布参战时，政府与铁路之间所达成的协议还只是一个意向。对那些持有铁路股的股东而言，他们的投资依然是可以投机的，因此才有相应的投机性交易的趋势发生。1918年圣诞节后的第二天，政府声明接管铁路公司。消息一经公布，舆论哗然。消息公布的当天，公众还来不及对新的所有权制度所带来的改变做出判断，但是第二天，12月27日，20种活跃的铁路股股票的平均指数收报于78.08点，比前一天暴涨6.41点。就在消息公布之后的两天内，华尔街认真考虑了铁路股被政府永久接管的可能性，虽然在这之前它一直以为政府只不过是要为到期的合约和设备改造增加投资而已。就在消息公布的当天早上，还有一位对威尔逊政府非常有信心的《纽约时报》记者，讲述了政府计划的一个版本，以此前五年的平均净利润为基础对被接管的铁路公司予以补偿。我们无法知道威尔逊先生的想法有多长远，但是当时以及以后相当长的时期内，人们普遍认为政府的意图和目的是永久地接管铁路公司。

两大平均指数是如何分道扬镳的

第一次世界大战中的第一次牛市，结束于1916年10月，从那以后股市就开始了长达数年的基本熊市下跌走势。从图16-1中可以看到，贯穿1918年全年的熊市反弹走势中，铁路指数一直亦步亦趋地追随着工业指数。但是当持股股东的命运被政府管控之后，两大平均指数就开始分道扬镳了。铁路股票的最高点出现在1918年10月，而工业股票却一直上涨到1919年11月才达到顶点。虽然铁路股指数在1919年中曾有所反弹，那也是因为第一次政府担保收购的事件所影响，从此以后开始稳步下跌。与此同时，工业平均指数在1920年大多数时间内，仍处于基本的上升运动趋势之中，虽然此时暴跌已经在孕育之中。而在1920年全年中，铁路股票平均指数和工业股票平均指数的走势截然相反，虽然在这一年的秋季出现了短暂的协同运动，但是从此时起，债券的走势与铁路股票平均指数的走势开始相互印证。

运输法案[①]

从上面的总结中我们可以看到，铁路股票1919年的下跌和1920年的反弹走势，实际上与债券平均价格的运动如影随形。这一平均价格是由40种有代表性的债券组合而成，它严格地反映了生活成本的上升和降低。到了1919年的春季和夏季，当时威尔逊先生虽然人不在国内，频繁远赴欧洲访问，但是经常会有新闻报道见诸报端，说他对政府的低效率和高成本办事行为非常不满，并打算放弃国家对铁路公司的所有权，说他正

① 《埃什—卡敏斯法案》（*The Esch – Cummins Act*），现称为《运输法案》。 ——译者注

在试图寻找机会让铁路公司重归私人所有。我们有理由相信，他确实曾经打算，至少是希望，在1919年的8月1日达成此意向，并且预期国会会通过《埃什—卡敏斯法案》（现称为《运输法案》）。因为当时国会正在为此法案的表决忙得焦头烂额，一直从夏季拖到了秋季，众议院直到1919年11月16日才决定通过该法案。就在那时，或者12月初，总统明确宣布，他将在明年的1月1日完成所有的交接工作，将铁路股重归私人所有。但是参议院一直到1920年2月底才通过该法案，迫使总统不得不将自己已经宣布的最后期限又延长了两个月。

漫天要价

但是在9个多月以前的1919年5月份，铁路股平均指数运行到了技术分析上称之为“双重顶”的第一个顶部，并在同年7月到达第二个顶部。当时的《华尔街日报》认为，铁路股虽然个个收益报告都显示盈利能力很差，但是上涨势头依然强劲，这可能是因为它们将开始进入“无控制”的自主经营时代。1919年7月的反弹之后，铁路股指数一直下跌到当年12月份，这主要是受政府将铁路公司收归国有的影响。所有权的变更与市场预期不符，而且国家经营实际上使营业成本远高于营业收入。管理者在主要经营项目、工资等问题上，决策的唯一因素就是政治因素，而丝毫不考虑财务因素。这就导致铁路公司的各项成本都成倍地增加。战时的物资管控，已经使得缅因州的铁路枕木价格从每根37美分提高到1.4美元，由于只有政府一个买家。在铁路公司股权归私人经营期间，大幅提高运费是很有必要的自负盈亏、自给自足的手段，但是即使在那时，这一动议还仅仅是处于讨论阶段。实际上，州际贸易委员会直到局面无法收拾时，才不得已采用了大幅提高运费这一方案。

类别差异

联邦政府的管控直至1920年2月28日才结束，也就是《埃什—卡敏斯法案》通过的两天之后。然而，该法案还附带有一些额外条件：成立劳工委员会并负责制定铁路运输费率；规定州际贸易委员会获得运费收入的6%；将政府所承诺的担保和相关赔偿延长6个月。虽然提高运费是在1919年8月份提出的，但是华尔街早已预计到这种可能性，按照惯例，尽可能远地预见未来，同时也像往常一样打个折扣，本例中提前了近6个月。

关于战争对经济和生产的影响，我们自己就可以完全确定，每一次战争由于爆发的条件不同，所造成的后果在类别和程度上也不尽相同，这些结论我们也可以从其他一些战争中得出。这一次是类别不同。没有其他工业股票的帮助，单靠铁路股自己创造出一个牛市来，这种事以前从未发生过。我们之所以强调这一点，是因为它所产生的基础不同，而且原因也不同。因为除非它能被彻底地阐述明白并且被理解，否则将来在面对看起来不可调和的矛盾和困难时，未来的教师和学生们对这些问题所展开的讨论，一方面会吸引到足够多的读者，另一方面也会和他们一样感到迷惑和沮丧。我们稍后还会给出另外一个例子来加强对这一问题的探索和研究。

大局观和幽默感

我们大可不必喜欢上自己的理论，也不必像狂热的追星族那样盲目地崇拜它，这是一种错误的观念，或者说至少是错误的角度。如果你手持一枚银币，距离在一个手臂的长度，那么你就可以看到它与周围事物的正确关系，这是正常的视角。可是如果你把它拿得太近，那么它和周围事物的关系就会变得扭曲和夸张。如果再近点，你就会眼里只有这枚硬币了。可能是上天不允许我创建一个经济学派，以誓死捍卫整个世界都围绕平均指数而波动的理论。要特别声明的是，我并不是在此招揽信徒。因为一般我们会原谅一个学派的创立者，但是我们绝不会宽恕这个学派。所以，我们必须把股市晴雨表放在一个适当的位置上，以适当的距离观察它。这样就不会认为股市晴雨表比天气预报晴雨表更重要。我们才能拥有合理的理论可以参照，否则本章以及前面章节的相关讨论将变得毫无意义。我们千万不能像大多数统计学家做的那样，过犹不及。因为甚至是最伟大的科学家，都有过度崇拜自己理论的倾向，其结果往往是导致自己尊严扫地、颜面尽失。赫伯特·斯宾塞①，伟大的综合型哲学家，曾对已故的赫胥黎（Huxley）教授说过：“你可能不相信，但是确实是我自己，至少是在框架上，写了一个悲剧的开始。”

“我完全相信”，赫胥黎教授回答道，“我还知道剧情，就是讲述一个完美无暇的理论，是如何被一个微不足道的丑陋事实所推翻的。”

我们的素材与时俱进

查尔斯·道对自己的市场运动理论很少有明确的论述，而且也很少从这一理论中得出什么推论，更不用说对该理论的应用实例分析了。这一点令我们备感遗憾。然而，尽管有诸多的不尽人意，他仍能在当时资料极其匮乏的情况下，将问题分析得如此透彻，这又不禁令我们慨叹。1902 年下半年查尔斯·道去世的时候，现在平均指数使用的 20 只工业股

① 赫伯特·斯宾塞（Herbert Spencer，1820 年 4 月 27 日—1903 年 12 月 8 日），英国哲学家。他为人所共知的就是“社会达尔文主义之父”，他所提出的一套学说把进化理论的“适者生存”观点应用在社会学，尤其是教育及阶级斗争方面。 ——译者注

票中，当时只有6只被采用。查尔斯·道那个时代的工业平均指数是由12只股票组成的。仅在十年以前，我们要找到具有足够代表性的持续活跃的工业股票，以作为工业平均指数的成分股，是根本不可能的。在讨论旧的平均指数之时，我真希望自己能回到1860年，那时只有一个平均指数，而且其至少由15只股票组成，并没有现在这样的两大平均指数分庭抗礼的局面出现，后者明显具有优越性。我们还知道，至关重要的是两大平均指数之间必须相互修正、相互印证。然而当麦金利重新执政的时候，由于缺乏足够多的持续活跃的股票，平均指数的编撰者们不得不把西部联合公司也计入铁路平均指数成分股指之中。我们不必对先驱者的工作妄加指责或者盲目崇拜，因为他们当初不得不即兴发挥找到自己的工具，并为自己开拓前进的道路。反观现在的我们，一面拥有他们的全部经验并从中获益，一面却总是一味从事一些按部就班、缺乏创造性的工作，而且还对工作没有热忱。

专家解读

验证一个规律最有效的办法就是找到一个例外，证明它也是符合规律的。股市晴雨表就有着这样的例外。对于美国历史上最大的铁路政府收购案，我们从作者的只言片语中了解到，政府的干预确实对股市晴雨表起到了削弱作用，因为铁路指数的所有股票均被涉及到。这就好比今天的A股市场沪深两市中，有一个市场的成分股都被整齐划一地在做一件事一样。后果肯定会造成两大平均指数的走势不一致。我们关心的是，最后怎么样了？最后它反而更好地印证了规律。

无论是债权和股票的跷跷板关系，还是《运输法案》导致的一系列后果，我们有理由相信美国政府并不是为了要削弱铁路公司的竞争力而将其收归国有的。从作者的只言片语中我们可以理解到，他是一名自由市场的推崇者，或者唯科学论者，不喜欢政府过于密切地关注和干涉经济，希望能得到纯粹的市场自己的数据。

本章结论：政府干预确实能在一定程度上影响股票市场的暂时走势，但是长久来看，市场最终会回到正轨，所有的错误都将被纠正，唯一不同的是，纠正的方式是自上而下还是自下而上。

第十七章

1917 年，最伟大的证明

如果 1917 年没有出现基本的熊市运动，很可能就不会存在本书中这一系列的讨论，我也会觉得代表股市运动的全部智慧和知识的道氏理论只不过是经验主义的教条，或者只不过是基于一个不充分的前提而得出的理论；我还会觉得市场对我而言，出于某种莫名其妙的原因，只不过是仅限于美国国内经济状况的反映，而丝毫不牵扯到国外；我还会认为对国际事务采取明哲保身的态度是件再平常不过的事；我甚至还会认为由道氏理论所推导出的重大发现，不过比街边杂货铺里胡萝卜的价格变化只强一点点而已。因为我们经过推理得出的结论，可能和推理中最薄弱的链条一样，经不起推敲。然而，从 1916 年 10 月到 11 月开始，一直持续到 1917 年 12 月的基本熊市运动，却可以当之无愧地被称为股市晴雨表这一真理的最伟大的证明。

不明朗的战争前景

那些轻率的批评家们，没能理解本书所讨论问题的核心，即反复强调的基本理论——股市中包含的三种运动的含义，以及股市反映了对未来事件的预期。他们可能会问，为什么全国经济走势图显示，在 1917—1918 年，美国国内经济一直都有着很大的市场规模并且展现出欣欣向荣的繁荣景象。而与此同时，巴布森图表中代表经济繁荣的深色区域也显示，从 1915 年下半年到 1920 年年底，从来就没有低于（即使是修订过的）国民生产总值增长曲线。那么为什么股票市场在 1917 年还预示会展开一轮熊市基本运动呢？在战争初期是什么构成了美国经济超大的市场规模呢？前线的战士不需要给养吗？难道我们供应他们吃穿用度，以及武装他们的费用，都不是用借据支付的吗？难道我们背负数十亿美元的借据不用归还吗？这些借据有些确实可能会永远无法兑现。

能记住这些因素当然很重要，但是股票市场有自己更特别行事原则。它自始至终都保持了清醒的头脑，冷静地把这些事实放到一边，对战争利润进行了仔细的审视。它发现这些利润都是以过去和未来的外国客户的利益为代价获取的，而且整整一年中，战争的结局一直都不明朗，市场汇总各种信息之后认为，并不能排除德国最终获胜的可能性。随后直到 1917 年年底，股市晴雨表开始预测协约国会获取最终胜利，所以牛市就应运而生了。

1917 年 12 月展开的牛市提前 11 个月看到了停战协议，提前 6 个月看到了德国人最后一次疯狂反扑的失败。我们坚信自己最终会胜利，因为在 1917 年，只要你有愿望，你就会有信念。而当时之所以形成熊市，这主要是一种市场在前景不太明朗的情况下的保守策略。但是，这一策略对于那些不能区分这种“繁荣”和另一种繁荣的人来说，市场等于什么都没说。但对于股市而言，这却是它能选择的头脑最清醒的走势了。这种走势说明了市场的远见卓识和洞察力，远超过我们以往的任何分析所能企及的高度。

如果德国获胜

很多读者可能都设想过，如果德国及其同盟国获胜，那么世界会变成什么样子呢？同时也有很多的读者会认为，这种可能性太过可怕，最好连想都不要想。凭良心说，现在的形势已经够糟糕了。然而，当时法国溃不成军；比利时饱受奴役；意大利陷入无政府状态，又和德军结成同盟；大英帝国岌岌可危、自顾不暇、自保尚且困难，更不要说她强大的商业船队了，肯定也被摧毁了。协约国又能怎么样呢？如果战后德国人向全世界索赔上千亿美元的战争赔款，那么情形又该如何？难道我们会因此而喜欢这个加勒比海盗式的国家吗？战后很多国家都四分五裂，也可以换个虚伪一点的说法，许多国家获得了重生。然而无论哪一种表述，由此产生的后果则更为严峻。试想如果大不列颠王国从此元气大伤、一蹶不振，整个世界将会是什么样子？

上述的种种可能性甚至会让最坚韧不拔的心灵感到气馁，然而股票市场在 1917 年却比人类更无畏，它并没有退缩而且勇于直视困难，并主动给自己提出了同样的问题。海军上将希姆斯（Sims）曾告诉我们，而且协约国内部也清楚地意识到，当时的情形有多危急。尽管当年的春季我们已经参战了，很大程度上是几乎没有任何准备，但是一直到年底，美军的援助才实际生效。但是当时的股票市场并不知道——事实上没有人知道——美军是否应该这么晚才参战。当时如果我们要独善其身也未尝不可，但是如果我们不拯救协约国的话，股票市场会承担由此而引发的一切后果。前文中我们也讨论过，除了信息分析部门完备的制表和分析数据之外，股票市场还会综合考虑诸多其他的因素。最忠实的编纂这些数据的人绝不会同意股票市场警示性走势的作用有限，仅只能预测美国本国的未来经济状况。

英国国债

1908—1909 年的牛市结束后，一直到第一次世界大战开始前的那段和平时期，英国出现了经济萎缩。我们将在另一个章节对它专门展开论述，这将非常有启发意义。因为战争开始之前的熊市，与这场令所有的计算和分析都白费的战争之间有着明显的联系。但是现在我们还是把精力集中在战争对股票市场的影响上来，该影响是如此之大，而且史无前例——并不是说之前没有战争，而是说之前没有股票市场。这场战争的规模和程度，或许只有以拿破仑在1815年的滑铁卢战役为结束标志的，那场长达接近四分之一世纪的战争，才能与之相比。如果我们认为拿破仑时期的战役在时间的长度上可以弥补第一次世界大战的强度，再把参与战争的相对规模、人口数量以及耗费的国民财富考虑进去，那么我们就能比某些观察者更好地来对等比较两场战争。据我所知，有一个显而易见的而且具有重大意义的事实从未被提及，即英国在与拿破仑频繁地征战之后所形成的巨大国债。在1815年到1816年间，当时英国的国债已经高达预计国民生产总值的31.5%。后来随着维多利亚（Victoria）女王的长期稳定的统治时期，国债逐步得到偿还。一直到布尔战争①（1899—1902年）爆发之前，这一比例已经下降至略高于4%的水平。

我们粗略地估算，布尔战争花费了英国大约10亿美元，而且在战争期间，国债水平又一次上升至略高于6%的水平。从1902年到1914年间，尽管生活成本和税收都稳定增长，而且英国的国债水平也有所下降，但是始终没有达到1899年的最低水平。现在英国国债大约占国民生产总值的33%，比拿破仑战争期间的比例还高1.5个百分点。那场战争虽然持续时间较长，1793—1815年，中间还休战了3年。和第一次世界大战相比较，再权衡两场战争的各种因素，毫无疑问，33%这个比例实在是高得离谱，但是似乎还没有达到不可救药的程度。这也是为什么在战争使得所有货币都贬值的同时，英镑的汇率仍然高于美元的根本原因。

我们自己的负债之一

1917年的股市这样问自己：万一德国获胜，英镑的汇率会如何？其他那些我们所担心的事又会如何？如果德国印刷所夜以继日地赶印马克，而且要是德国1918年的春季攻势胜利了，那么现在协约国的流通货币的

① 布尔战争（Boer War），英国与南非荷兰移民的后裔布尔人之间的战争。——译者注

利率会有什么变化呢？

股市晴雨表的本质就是其预见性，分析到这一点我们很满意。当我们自欺欺人地面对账面上的利润、增长的工资和飞涨的物价时，还有什么比一场有益的熊市更耀眼地彰显出股市晴雨表的独到眼界呢？

1916 年通过的《亚当姆森法案》（*Adamson Act*），让工会有权不顾工人生产能力的状况，而直接提高工人的工资。当时的国会为了在总统大选即将到来之际极力拉拢选票，向美国消费者和纳税人给出的承诺是，一方面考虑到工人的利益，所以缩短劳动时间；一方面承诺让铁路乘客可以获得更加安全的保护。后者意味着铁路工人劳动时间的增加。当然，《亚当姆森法案》的通过并不意味着更短的劳动时间，而是劳动时间的提前和超额劳动。所以铁路工人的劳动时间被实际上延长了，他们的工作时间因为按照乘客的利益需求而上升到每天 16 个小时，这已经是法定每天工作时间的上限。现在我们已经知道这一法案给其他劳动企业所带来的颓废影响。1917 年年初，我们刚刚参战的时候，各方面伸来的求助之手让我们应接不暇，正是因为有这样的先例在，所以此时任何的工资要求都会显得非常荒谬。国会完全为了自身的利益而荒唐地让步，几乎让美国每一位制造商和消费者都看到了由此引发的可怕后果。

掺水的劳动意味着什么

本书早前的章节中，有一章名为“掺水的晴雨表”，我也曾间接提到了掺水的劳动这一概念，和掺水的资本相比较，前者对生产力的破坏力是有史以来绝无仅有的。如果没有这种掺水的稀释作用，美国的国债至少会减少数十亿美元——它们根本就不会出现。皮兹（Piez）先生是战时紧急舰队公司（Emergency Fleet Corporation）的总经理，他估计劳动效率已经被较低的劳动者输出和较高的工资待遇彻底摧毁了。而高工资又是由高物价——那些因他们自己工资提高而生产出的商品——所引起的水涨船高。他写道：

“战争期间，劳动生产效率被故意地松懈下来了。大西洋海岸造船厂（Atlantic Coast shipyards）的工人们 2 美元的工作时间，在一年以前的 1916 年只需要 1 美元，而个人产出却只有一年前的三分之二。”

盖·莫里森·沃尔克（Guy Morrison Walker）在《凯撒的事业》（*The Things That Are Caesar's*）中引用皮兹的话说：“我们在参战后的单位成本的产出只有开始战争时的三分之一。”粗略估计一下美国的国债，大约有 240 亿美元，扣除协约国的战争借款 110 亿美元，还有 130 亿美元。这 130 亿美元中的大多数，或者说至少有一半都是由掺水的劳动组成的。而美国对协约国的援助，不仅包括现金，还有战争必需品。劳动力应该是其中代价最昂贵的援助，所以这一部分国债中也含有水分。这种水分包括两方面：一方面是现金工资中的水分，货币购买力掺水；一种是工人懒惰、消极怠工所造成的。就算是残酷无情的股票市场从其总市值中挤出所有的水分，加起来也根本无法和无耻的掺水劳动相比较，这无疑是小巫见大巫。而后者所带来的后遗症，则需要我们的子子孙孙在接下来的半个世纪中，辛辛苦苦地当牛做马来偿还为掺水劳动所支付的利益。

偿还掺水劳动的欠款

资本中的“水分”这一概念，在很大程度上是有名无实的。它到底在多大程度上给我么造成了实际上的损失？这和掺水的劳动给我们带来无法弥补的损失相比较，太不值一提了！如果你看到了五年战争期间，工业和商业活动的数据统计记录图表，当我们扣除三倍于平时价格的支付，以及从此以后必须为此“繁荣”付出的代价时，心里该有多难过啊！然而现实却是，每一枚掺水虚假的美元都必须换成真正的美元。每一个因糟糕或消极的劳动所浪费掉的小时，都必须用一小时出色的劳动来偿还。

次级通胀及其之后的岁月

如果我不得不预测，股票市场会迎来一次基本牛市运动，而且还可能会伴随着一次经济上的次级通胀，这次通胀会比战争“繁荣”时期小得多，但是也达到了足够引起我们注意的程度。我将把它和英国发生滑铁卢战役之后六年的经济形势作比较。1821 年，英格兰银行（Bank of England）重新回归到金本位制度，黄金的溢价随之消失。在这之前的 1819 年，自欺欺人的下议院（House of Commons）承认，《金价日报》[①]是正确的，不兑现货币的法令是错误的。随后战时出现的每六个人中就有一个申请贫民救济款的萧条局面，逐渐因国家出手而得到有效的控制。既然有英国的前车之鉴，美国迟早会有以这种方式赖掉自己相对较轻的负担的可能性，我们敢说没有吗？现在距离停战协定的签订还不到 4 年，此时正在进行中的牛市能不能把我们带入英国 1821 年所遇到的那种形势之中？尚未可知。虽然我们所面临的形势并没有当时的英国那么严峻，但是我们的外国客户们却有着几乎无法计算的债务需要偿还。这个问题不是江湖郎中包治百病的膏药所能解决的，事实上，我们要首先把他们的狗皮膏药扔掉，然后才能尝试着去寻找解决问题的答案，因为病人已经吸毒成瘾到了极其危险的边缘。

毋庸置疑的晴雨表

“满腹今朝愁，莫添他日忧”。股市晴雨表完全可以满足我们的需要，因为它提前记录了萧条和繁荣时期，正如我们所看到的那样，它提前为

① 《金价日报》（*Bullion Report*），是由 1919 年成立的伦敦金银市场协会（The London Bullion Market Association）每日上午和下午两次发布的黄金定价。——译者注

我们提供了一条清晰的发展轨迹，并警告我们可能会发生的危险。现在平均指数正在说，1922年夏季的经济将会更加景气，形势非常乐观。尽管在我们的认真观察下，晴雨表可以比较清楚地预测出萧条或者繁荣的特征，但是它不会装模作样地预测它们的持续时间。1908年到1909年的经济萧条时间不长，但是程度很深，它是由1907年的熊市预测到的；1909年下半年和1910年的经济繁荣期时间持续很长，但是程度较浅。而先于这次繁荣的股票市场的牛市运动也比之前的熊市发展得更缓慢，持续时间更长，波动范围更窄。相应的，经济和股市的小幅波动也十分明显，其特点是股市总是先于经济而动。只有在战争时期，股票市场先行的基本运动才和我们贸易的发展同样具有活力。

在我们25年的经济走势图表中，值得注意的一点是，在一个狭窄的区间波动这么多年的和平的经济发展期间，与之相对应的股票市场的成交量也是逐渐萎缩的。整体而言，平均每月的交易量比不上麦金利重新当选总统的1900年以前的水平。1911年、1912年、1913年和1914年的成交量分别低于1897年、1898年、1899年和1900年的成交量水平。在所有这些用来对比的年份中，1899年的成交量最能说明问题。

预测到战争

因此我们可以说，尽管使用股票市场预测未来经济走势的方法还不够明确，导致其实用性大打折扣，但是它确实能够以某种方式预测到事物的本质特征，甚至是规模。其中之一就是目前人类极限都不能预测的战争。有些人知道一个较为活跃的论调，认为战争之前的熊市既不是偶然发生也不是一种巧合。我们都还记得1912年下半年产生的熊市，与过去的熊市，尤其是我们专门讨论过的熊市相比较，其程度明显温和、强度明显较轻。1914年发生的经济萧条并不严重，它部分地印证了之前发生的熊市。可是如果这就是全部，如何解释德国对其他国家的蛮横态度让大多数人嗅到了战争的危险性这件事？这些人开始抛售股票的行为无疑加深了经济萧条的程度。这或许要归咎于基尔运河（Kiel Canal）的开通，它在战略上将北海（North Sea）和波罗的海（Baltic）通过德国本土连接在一起，客观上为德国进攻提供了方便的快捷通道。

现在我们可以公正地宣布，本次熊市不仅成功预测了经济上即将到来的萧条，而且还考虑到了战争发生的可能性。前文中我们曾提到过，在 1914 年的时候，两大平均指数在走势上形成了一个狭窄的派发区间，适逢战争前夕。并且指出这一派发区间形成的原因，主要是由于国外投资者的积极变现，使得原本正在形成的吸筹区间转变成了派发区间。当然，中间还有长达三个多月的均衡期。对于那些声称对股票市场基本运动不满的人来说，基本运动不能立即根据各种现有的经济图表而作出调整，这一点他们不能接受。然而必须要指出的是，并不是只有我们的晴雨表才会犯这样的错误。事实上这是一种非常普遍存在的现象，即使是纵览全球局势的经济图表也无法避免。因此，如果经济图表不合时宜地印证了我们的推测，那只能说明实际情况更加糟糕。我们还发现，股市晴雨表遭受的考验越严酷，越能证明其自身的实用价值。对于股市晴雨表在战争到来之前，或者冲突进行之中所做出的预测作用，我们无论怎么高估都不为过。那么，现在让我们设想一下，如果战争爆发之时恰好是牛市的顶点，接下来会发生什么呢？

专家解读

本章通篇只讲述一个问题，股市晴雨表预测到了战争。为什么会有如此神奇的功能，尤其是作为参与到战争中的人，自己尚且不知道结果之时，晴雨表为什么能知道？按照作者的理论应该是战争进行之中的经济表现，投射到晴雨表中，市场从万千个些许转变中窥探到了未来。还有一个更好的理解方式，即晴雨表估计到了未来的各种可能性。然而作为一个读者，我们更应该从国债的本质和掺水的劳动两个方面去理解战争所带来的复杂的经济现象。实际上长期以来，我们对自己国家发行的国库券的保值增值功能深信不疑，因为我们生活在这里，了解这里，知道国家肯定会按期兑付我们的债券。但是倘若是一个公司或者地方政府发行的债券，我们常常会心里打鼓、不能接受。这就是一个国家债券的信用评级问题。实际上，历史中债券违约的事件不胜枚举，2008 年之时，还有国家破产的经济事件。可见，违约并不是古已有之、迄今绝迹的事件，而是人类经济发展历史长河中一直会不定时爆发的事件。而掺水的劳动所能带来的灾难性后果，我们国人了解颇多，很多数据往往与我们自己的切身体会相距甚远，不由得让我们不心存疑窦。怎么克服呢？如何才能寻找到真相？扒开历史的迷雾去寻找真的经济吧。

本章结论：股市晴雨表能够预测到战争，人们甚至可以根据它的指示来判定战争的输赢。战争对股市晴雨表的证明恰好说明，战争实际上是经济体强弱对抗的一个具体例证。

第十八章

监管机构对我们的铁路公司做了什么

不需要证明的论断可能只有以下两种。第一是公理，能够不证自明，而且本身包含着自己的证据，例如，“三角形的角度之和等于两个直角之和”；第二是不值一提的老生常谈。

前文中我曾指出，经济图表的最大作用就是对历史数据的汇总和记录，其预测能力很差。然而这一陈述至少需要部分地加以证明，因为最新和最科学的经济记录也会具体表现出一定的预测功能。哈佛大学经济研究委员会（Harvard University's Committee on Economic Research，以下简称“哈佛委员会”）最近有一项研究成果，恰好证明了这一点。它所提供的指数图表确实提供了一种预测经济形势的方法，能很好地解释这一现象的理由就是，它部分采用的是股市晴雨表的思想。二十年来的实践证明，这种思想在《华尔街日报》以及与之相关的出版物中一直都很成功。

能预测未来形势的图表

熟悉哈佛委员会的人都知道，它所使用的经济走势图表中使用了三条线——投机线、银行线和经济线。而且它还承诺，不花无谓的时间和精力去证明“作用力与反作用力相等”这样的命题。虽然这一委员会成立于第一次世界大战后，但是它发表的经济图表统计的时间是从 1903 年到 1914 年间，这一图表为我们一直在讨论的股市晴雨表提供了最有价值的研究证据。在这 12 年内，图表中的投机线总是走在商业线和银行线之前；换句话说，投机活动能提前预见经济发展的趋势，这恰好正是本书中这些章节已经直接证明的问题。

这条被哈佛委员会所采用的投机线，正是股票市场的平均价格线。哈佛委员会意识到，战争期间许多数据及计算都脱离了原有的轨道，因为战争打破了数据计算所依赖的基础，所以它没有发表任何关于战争时期的经济图表。而且在回顾我自己的记录和新闻报纸的相关评论时，我也发现，在战争期间，关于股票市场运动及其预测功能的报道，也因相同的原因而减少。我们也看到，当政府以担保的形式接管铁路公司之后，工业股票仍然保持着其一如既往的投机性走势，而没有任何一只铁路股票对其做出响应，以验证道氏理论两大平均指数之间相互印证这一推断。战争时期因其特殊性被哈佛委员会故意放弃，而此时，股票市场却以一种非常难能可贵的方式，尽职地为公众履行着自己的职责。1917 年的熊市就是很好的证明，此前几年，股市还以一个狭窄的派发区间，提前三个月预见了战争的爆发。

大于基市走势的运动

但是我们都忽略了平均指数的另外一个重要的预测功能，一个对今天的市场来说尤其重要的预测功能。我们可以看到，当铁路股票归私人所有的时候，它们身处自由市场之中，随着市场的基本运动而运动；我们的牛市在 1909 年到达了顶点，第二年就出现了熊市，一个波动有限而且犹豫不决的牛市（尤其表现在铁路股票上）持续到了 1912 年的下半年，还有另一次熊市在 1914 年 12 月、股票交易所重新开始营业时立即结束了，此时战争已经开始 18 周了。

从 1906 年开始至 1921 年 6 月结束，铁路股票的价格总体趋势是下跌的。这一具有重大历史意义的走势，同时也是一个非常重要的教训和警告。这次运动不仅大于基本运动，而且比我们之前讨论的任何周期都长——它持续了近 16 年。现在我们基本上可以肯定，在即将到来的 1922 年，铁路股票的走势一定会有明显的改善，这是一件只要是人类就可以确定的事。但是铁路股票却无法在短期内恢复到原来的自由市场时的活跃状态，这里有一个非常关键的原因，就是像詹姆斯·J. 希尔和 E. H. 哈里曼这样伟大的铁路公司创建者们，在余生中能享受到的福利已被动摇。铁路公司目前所处的政策环境，不仅让它们的股票缺乏了不少投机价值，而且也丧失了不少永久价值。正是这些条件，导致铁路股票被自我阉割，并导致其丧失了成长的能力。

罗斯福新政与铁路公司

如果西奥多·罗斯福能预见到他开始实施的、针对铁路公司的改革计划会带来如此致命的后果，如果他能意识到这项政策并不是短期的、针对临时出现的罪恶进行的惩戒——至少从逻辑上讲，其目的只是为了惩戒少数滥用权力的人，却在客观上导致了铁路公司在未知的岁月里——或许是永远——丧失了盈利的能力，我们相信他肯定会换一种方式。

而且在过去的 14 年里，对公权力的改革，常常被误解为对公权力的破坏。这样，即使领导人是错的，其政策也会得到不遗余力地执行。铁路行业在过去的发展中，不仅随着人口的增长而成长，而且至少其在美洲大陆上是具有前瞻性的。然而现在却停滞不前，奄奄一息地濒临死亡了。落后地区急需修建新的铁路设施而找不到新的投资资本，更不要提更大更舒适的车站了。对于现代文明而言，交通运输线是动脉。这条改编自罗斯福理论的语录，可能只是对他理论的误读，把他从来没有的思想归结于他。可是罗斯福新政的具体实施却造成了机体的动脉硬化，进而使为它供血的心脏功能受到削弱。这种情形无疑是一个巨大的讽刺。

戴着脚镣前进

从美国铁路的每十年的统计资料中，我们自己就可以发现这样一个事实。截至1910年，全美拥有铁路总里程数为240 830英里，这个数字比1900年增长了25%，并且是1880年总里程数的两倍多，这样我们才能说铁路一直在保持增长势头。按照这一发展趋势，1920年美国铁路总里程数应该增加90 000英里才行。但是实际情况是，我们只增加了这个数字的不足六分之一，区区15 000英里，仅达到保持铁路公司能勉强正常运行的最低限度。在我们的政治家们的心目中，一直有一种“害怕企业做强做大”的念头在作怪，可能是担心做强做大后的企业不听从政府指令。但是这一念头却令美国最重要的工业行业增长陷入瘫痪，而不是允许少数聪明人利用伟大的致富理念满足人们巨大的需求而变得富有。

哈里曼先生和希尔先生去世时都很富有，他们两个我都认识，而且我也知道他们的财富几乎都是偶然得来的。他们有钱是因为，如果不给他们必要的财务自由，他们不可能富有创造性地完成任何工作。然而哈里曼，据我所知从未操控过他所管理的任何一家铁路公司，仅凭这一点，股东们信任他是理所当然的。不仅如此，事实上他还从未控制过以下铁路公司的大多数投票权：南方太平洋铁路公司（Southern Pacific），联合太平洋铁路公司（Union Pacific）和芝加哥&埃尔顿铁路公司（Chicago & Alton）。他和希尔先生为数以百万计素未谋面的美国人民，带来了舒适、满意和富足的生活，并在此过程中顺便使自己变得富有。从1897年开始的铁路大重建时代，到1907年破坏年代的开始，十年间铁路股的伟大时代都从股市晴雨表的图表和记录中得到清楚的体现。从总体上看，这是美国历史上最伟大、最成功同时也是最具创造力的年代。

人类犯错的周期

迄今为止，我们已经看到和验证了道氏价格运动理论的正确性。我们也知道股票市场具有相互协调的基本上涨或下跌运动、次级折返下跌或者反弹走势，以及日常波动走势。然而，现在我们考虑的是，我们能不能更进一步，建一套自己的周期理论，一个和我们之前所讨论的任何周期理论都无关的周期理论，并在实际上运用这一理论来预测经济危机的日期呢？哈佛委员会的研究图表在这方面进行了聪明而有益的探索。它使用的一系列名词分别是"萧条""复苏""繁荣""紧缩"和"危机"，哈佛委员会并没有分别给出每一个阶段绝对的时间长度，甚至认为"紧缩"和"危机"，或者"危机"和"恐慌"，或者"紧缩"和"恐慌"在某种情况下是相辅相成的。但是，我们也可以从平均指数的记录中推导出另外一个周期，其几乎可以被称为人类的愚蠢周期。这样的周期只能出现在我们这样的民主国家，因为能够行使民主自治权利的公民，总是太急于行使和误解这种民主中的最大特权——自己犯错误的权利。

考克西（Coxey）的失业请愿团

1890 年共和党人当选总统，并同时控制了国会，此时的美国到处充斥着不确定性和地方保护主义思潮，本来像国会立法这种事，总免不了要有一定程度的妥协，然而当时的妥协已经沦落成为不道德的妥协。真正的政治家能在不牺牲根本利益的情况下，成功地就非根本问题达成妥协。可是《谢尔曼白银收购法案》（*Sherman Silver Purchase Act*）却并不是这样，它不但牺牲了根本利益，而且还因此而导致了严重的后果，因为该法案允许给我们的金融体系动脉血液里掺水。因过度投机，通货膨胀等原因引发的、不可避免的经济恐慌，本来应该在1892年发生，但是却没有发生。因为在那一年美国的小麦意外获得了巨大的丰收，而且同时伴随着主要竞争者俄国的小麦欠收，这使得这次恐慌最终延迟到1893年才发生。

从此以后的四年内，全美国都充斥着今天非常流行的民粹主义思潮①1894年考克西的失业请愿团从俄亥俄州的玛希隆出发，一直走到了华盛顿。一时之间，考克西的思潮也随之传遍全美国，其中以中西部地区尤甚。考克西认为，无限量发行法定货币可以重塑经济繁荣。这次浪潮的转折点是威廉·艾伦·怀特（William Allen White）的那篇著名的社论《堪萨斯怎么了》（*What's the Matter With Kansas?*）。在那段恐怖的岁月里，铁路公司的经理们已经陷入了绝望的深渊。除了少数几家实力强大、经营良好的公司外，几乎所有的铁路公司都破产了。截至1986年，全美87%的铁路企业处于破产清算监管状态。一直到麦金利第一次当选总统之后，整个国家才逐步回归正常，显现出理智的光芒。

十年繁荣

在尝尽了民粹主义思潮的恶果——自由铸造银币等——之后，人们才发现这种思潮会把国家引入破产的深渊。政治家们开始对自己的鲁莽行为所造成的后果感到害怕。因此，从此以后，1897—1907年的十年间，致使企业瘫痪的政治之手从美国的经济生活中拿开了。这十年是我们从未经历过的如此繁荣的时期，以前没有，以后也不会再有。此时的铁路行业开始了史无前例的快速发展阶段。也正是在这个十年内，出现了最庞大和最获利的工业集团，美国钢铁公司就是其中的杰出代表。这段时

① 民粹主义，英文应Populism，意指平民论者所拥护的政治与经济信条，是社会科学语汇中最没有精确定义的名词之一，又译作平民主义、大众主义、人民主义、公民主义。——译者注

间的生活成本很低，只是在十年繁荣的最后几年才略有提高。当时的工资水平也很不错，这不仅体现在以美元和美分计数的工资数上，而且还体现在美元的购买力上。

“耶书仑（Jesurun）渐渐地因发财而变得骄横……”①

但是“耶书仑（Jesurun）渐渐地因发财而变得骄横”。难道是因为民主国家无法忍受繁荣吗？还是我们没有必要做出这么宽泛的假设？我们也看到劳资争议已经到达了极限，这些并不是发生在困难时期——那时要么没有工会，要么即使有工会也是形同虚设，而是发生在工资水平较高、工会正处于黄金时代，而且工会领导人手里的钱多得花不完的繁荣时期。这样看来，劳资争议并不是像很多人所认为的那样，发生在经济萧条期。而实际上，真正的原因是因为美国的“耶书仑渐渐地因发财而变得骄横”。危险的民粹主义基础，早在 19 世纪 90 年代就已经存在了，而且已经留下了不可磨灭的印记。而我们现在似乎正在再次步入这样一个民粹主义的时代。当然，战争已经抛弃了任何可能存在的不合时宜的“周期”，但是在极易受到影响的公众的心中，反对个人巨额财富的思潮已经播下了罪恶的种子，在未来几年中必定会结出有违道德的果实。

对公共舆论的再思考

如果我们试图对人类犯错的周期进行预测，那么这将会超出股市晴雨表的根本目标，同时也会偏离本书所讨论的主旨。我们可以看到，那

① 源自《圣经》，原句为：“但耶书仑渐渐肥胖、粗壮、光润、踢跳奔跑，便离弃造他的神，看轻救他的磐石。” ——译者注

个真正繁荣的黄金十年，对我们来说是多么的遥不可及。我们眼睁睁地看着它到达顶峰，又眼睁睁看着它在1907年突然之间崩溃坠落。然而同时我们又都明白，由战争所催发的生产狂热并不是一场公平的考验，正如也不能将其当做合理的研究基础一样。难道在另一次类似1897—1907年的十年辉煌来临之前，美国还要经历一个动荡期吗？只是到最后我们要问的问题不是“堪萨斯怎么了”而是“美国怎么了”。如果我对美国人民没有信心，不相信他们能在这一天到来的时候找到正确答案，那我就是一个内心阴暗的美国人了。虽然民主社会的特征是公共舆论永远是正确的，但我认为这要取决于你怎么看待“公共舆论”这一概念。最喧闹的声音往往代表了公众舆论，这一论断大体上是正确的，但是公共舆论的鲁莽表述通常是错误的，或者至少在动机上是错误的。然而历史表明，经过伟大的美国人民深思熟虑后所作出的决定常常都是正确的。

罢免林肯

每年我们都会相互传颂葛底斯堡演讲的伟大诗篇，那时人们还没有把林肯看作是当时最伟大的演说家，和那里举行的公墓落成典礼相比，他著名的《葛底斯堡演讲》在人们心目中并不占据什么地位。他以低调的、特有的谦虚，使一个伟大的思想的伟大演讲成为不朽。虽然1863年人们还不了解战争的形势，并不知道哪一方会获胜，但是听过演讲的人都牢牢记住了伟大的联邦将永久屹立。但是，如果当时的联邦法律允许“罢免”联邦大选所产生的官员，那么林肯的所面临的极有可能是被罢免，而且不是再次当选总统。直到此后的第二年他连任总统的事才尘埃落定，我相信年长的读者一定还记得1863年的道德败坏景象，以及给人们造成的恶劣影响。

为政府干预买单

从这个例子中可以看出，经过美国人民深思熟虑后的决定都是正确的，而鲁莽做出的决断往往是错误的。现在看看近期由无党派联盟（Non – Partisan League）所煽动的中西部狂热情绪吧，其中有多少正确的因素，又包含了多少江湖术士和骗子的伎俩？难道我们敢说我们的系统已经能够摒弃这种毒害了吗？因为就在一周前，国会还险些通过一项以不明理由申请发行数十亿法定货币的提案。

如果说过去十年中有一个教训值得公众牢记，那就是当政府干预私人事务的时候，即使它的目的是出于发展公用事业，也会在带来微不足道的好处的同时，造成无法估量的伤害。真正能发展铁路、开发国家自然资源的人只有我们自己。某种意义上讲，铁路的所有权比国会更具代表性。因为它代笔着每一位存单的持有者，每一位保险单的持有者，每一位美国国债的持有者，而且支付债券的利息所依赖的税收主要来源于铁路企业。

因立法而致贫

必须承认，本章的讨论很少将平均指数作为股市晴雨表，而仅仅是把它作为一个记录来看。但是如果我们出于一些显而易见的原因，而忽略平均指数记录中最重要的教训，那么我们的讨论一定是不完整的。现在让我们回顾一下平均指数 25 年来所走过的路，用图表说话。

16 年前，20 种活跃的铁路股票在 1906 年 1 月 22 日达到了最高点——138. 36 点，此后这个数值再也没有出现过。然而 1909 年 8 月的指数仅比它低 4 点——134. 46 点。接下来的最高点出现在 1912 年 10

月——124.35点，比历史最高点低了14点以上，而且这个差距还在不断地增加。1914年1月30日的最高点只有109.43点，即使是第一次世界大战后的第一次牛市，也只不过把平均指数抬高到了1916年10月4日的最高点112.28点。由于前文中我们已经分析过的具体原因，铁路平均指数并没有享受到1919年的牛市。

目前铁路指数比历史最高点低50点，和1898年7月25日的点位相比，仅高出不到14点，而那已经是23年以前的事了。16年，足以让哈佛委员会提出的简单周期出现两次以上，比我们最严重的两次经济危机——1857年和1873年——所间隔的时间还要长；比杰文斯的十年周期足足高出近六成。现在让我们分析一下这条长期稳定下降的趋势线，和某些著名经济走势图表中所提出的国民财富稳步增长的中间线相比较，难道不是一种鲜明的对比和极大的嘲讽吗？我们不禁要问，难道世界上最富有的国家会无计可施地看着它的政治家们，如此坚定而愚蠢地将这个国家中投资最大、产值最大的工业行业置于毁灭的境地之中吗？我们是不是认为只要毁掉了我们父辈们辛辛苦苦创立的铁路公司，就能使其他人变得更富有、生活得更幸福？我们知道，而且也必须知道，我们不能通过立法使人人都变得富有。但是本例表明，我们却有可能通过立法使人人都变得贫穷。

专家解读

是时候深入讨论一下监管问题了，事实上本章牵连出了一连串的相关问题，都是我们投资者很关心的。由于针对监管的态度，本书的作者已经多次在不同场合亮明了自己的观点，这里不做赘述。首先是比股市晴雨表更为基本的图表，这就是整体国民财富总值走势曲线，这个曲线自打有人类以来一直保持一个缓慢上涨的走势。这也可以理解为无论如何，人类的生活水平都是在稳步提升的。这一点我们早已从历史和现在的生活中得到了证实。它甚至是大于基本走势的运动。其次，一面针砭着罗斯福新政的失策，一面讲述了人类犯错的周期。这一点我们前文中也讲过，和人类自身的行为习惯息息相关。再次，去掉监管的美国经济，出现的十年繁荣，进一步证明了监管的没有必要性，以及自由经济所能焕发出的活力。最后，讨论了立法和致富之间的关系。我们可以轻易地从文中读出作者无政府主义的倾向，因为他认为即便是为公共事业的投资，也会在“带来微不足道的好处的同时，带来不可估量的危害”。

本章结论：立法不能使每个人都致富，但有时却能致贫；错误的监管有百害而无一益，自由市场自有它的生命力。

第十九章

对操控市场的研究——1900—1901 年

对这个话题，前面的章节中我们曾讨论过，结论是操控行为对市场不构成什么重要的影响。但是历史提供了一些有力的操控市场行为的证据表明，今天在华尔街被摒弃且不能被容忍的行为，在 20 年前却是很有市场的。我们以当时操控行为鼎盛时期的詹姆斯 · R. 基恩为例，20 年前他成功地操控了美国钢铁公司和联合铜业公司的股票销售活动，但是这件事放到今天，根本就没有实现的可能。当然，我们提到这两只股票只是为了举个例子，并不标明我认为二者的操控行为是相同的。关于联合铜业公司股票的发售活动，曾经流传着一种厚颜无耻的说法，我至今听到这个传言仍然火冒三丈。我记得当时我就曾措辞激烈地批评了这种说法，好在还基本控制在法律以及查尔斯 · 道所允许的范围之内。

怀胎即有罪

对于联合铜业公司来说，怀胎的时候就是有罪的，甚至在它出生时也有类似的预兆。1899 年年初，联合铜业公司获得了 7500 万美元的股票发行认购单，并与同年 5 月 4 日结束了认购工作。当时的许多“报纸”（现在已经没有这种报纸了）都以一种现在称为绝无仅有的乐观口吻报道说它“超额认购达 5 倍之多”，云云。这听起来不大可能是真的，因为该股刚开始场外交易不到一个月的时间，就已经开始大打折扣大甩卖了。这是因为当时的股票市场正处于熊市之中，一直到第二年的夏天才转头向上。在所有这些同时代的对这件声名狼藉的事件的评论中，《波士顿新闻通讯》（*Boston News Bureau*）的评论或许是最尖刻的，它旗帜鲜明地断然拒绝这种欺骗行为。下面这篇文章发表于传闻“5 倍超额认购”之后的一个月内，1899 年 6 月 1 日，《波士顿新闻通讯》发表评论说：

“昨天，联合铜业公司的股票出现下跌，这是场外股票交易的显著特征，发生在铁路股普遍低潮的时期是十分恰当的。许多精明的华尔街观察家一致认为，联合铜业公司的成立是一个危险的信号，它提醒那些保守的投资者们和投机客要赶紧退出股票市场。它还进一步指出，一个需要发行 7500 万美元的投机商团，竟然会出现过度认购的情况。这件事本身就是向胆大心细的投机客发出一种信号，公众已经丧失了理智，崩溃已经为期不远了。”

“整件事中最糟糕的是，我们国家最大的银行——花旗银行，居然会成为支撑这桩交易的保荐人……”

等等诸如此类的言语。

联合铜业公司

我们现在可以看到的是，尽管“超额认购”的流言满天飞，但是股票发行工作还是失败了。《波士顿新闻通讯》再一次以它惯有的尖刻语调评价了“联合铜业公司的失败”，认为其是因为“违反事实的承诺和预测”以及“联合铜业哀婉动人的承诺及幽默”。就在 1899 年 6 月份，又有谣言说，联合铜业公司的发起者以每股约 45 美元的价格收购了阿纳康达公司（Anaconda company）的控股权，该公司也从事采铜冶炼业务，而且在联合铜业公司创建初期，它在场外交易的每股报价是 70 美元。传言还说，新组建的联合铜业公司的股票价格将达到每股 100 美元。对此，《波士顿新闻通讯》在同一篇文章中指出：“虽然它募集的 7500 万美元足够买下整个公司，但是它对外宣布只取得了 51% 的股份，这样的交易，在今天的华尔街看来，实在是太赤裸裸了，丑陋得令人难以置信。”

股票承销中基恩的角色

1904 年的下半年，詹姆斯·R. 基恩操控股票发行活动的三年之后。这位著名的操控行为践行者，写了一封公开信，他在信中承认自己“为亨利·H. 罗杰斯（Henry H. Rogers）及其合伙人”分销了 2200 万美元联合铜业公司的股票，合计 22 万股，以每股 90 到 96 美元的价格出售。在信中为了证实事件的真实性，他还详细列举了具体的发售时间。在此后第二年的一月，我在《华尔街日报》发表了题为《市场操控行为研究》的文章，文中对他在信中记录的承销活动进行了分析。我的分析并未牵扯到道德问题，因为你不能和一个不讲道德的人谈论道德。分析过程并不复杂，我只要根据股票价格的报价机记录，拿到联合铜业公司股票承销活动的交易记录，并从交易所拿到执行交易指令的交易员名单，然后又和同时期股票市场的交易活动进行对比，就可以在那些可能有基恩活动的活跃时间段，对他的活动进行详尽地分析了。

说老实话，这篇文章让我在华尔街树敌颇多。然而客观公正地讲，我并不认为詹姆斯·R. 基恩也是其中之一。虽然我曾将说过，我和他的交往并不亲密。但是在文章发表之后他却曾多次找过我，而我无论怎么解释都无法让他相信，我并没有使用不正当的手段接触过他的来往账目。就像他说的那样，“一定有人向你泄密了”。基于当时华尔街的那种氛围，以及基恩所从事的职业，他性格多疑是正常的。他难以相信的是，自己隐秘的操控行为被一个毫不相干的局外人一语道破，而同时又没凭借任何有力的内部证据。从这一点来看，他的心智不太健全。真的伟人，还有一些孩子，他们知道什么时候应该相信，以及应该相信谁。同样从这个论断出发，我们可以断定，基恩不是伟人。

美国钢铁公司股票和联合铜业公司股票的区别

如果撇开所有的道德问题不提，在当时的股票市场中，再没有比联合铜业公司的股票发行活动更高明的技巧了。基恩操控美国钢铁公司普通股和优先股的发行一事，也堪称才能卓著、独树一帜。但是与联合铜业公司不同的是，在本例中他拥有一个巨大的优势，因为公众急于想得到他要出售的股票，而且美国钢铁公司的股票本身也并没有含有多少“水分”。所谓掺水的资本不过是精明的投资者心中预期的增长。美国钢铁公司的股票发行是在1901年完成的，当时普通股卖给公众的价格是50美元一股，三年以后普通股每股盈利就达到4.9%，到1905年每股盈利已经翻番。在前面的文章中我已经指出了这种股票目前所具有的真正的账面价值。

而联合铜业公司股票的发行确实是完全不同的另外一回事。和美国钢铁公司比较起来，这次股票发行活动堪称一种艺术，就像德·纽维尔（De Neuville）残酷的战争与梅索尼埃（Meissonier）史诗般的战争绘画一样。基恩后来说，他一开始的时候并不愿参与此事。因为这次不再与美国钢铁公司股票发行活动一样，他面对的不再是一个投资大众喜欢的市场。这次他不得不在已经被人们无可救药的愚蠢行为破坏了的市场上进行派发，其难度可想而知。

早期的操控行为

根据承销量分析，第一阶段具有十分重大的意义，时间上从1900年12月3日到1901年1月中旬。乘着麦金利再次当选总统的春风，在这次基本牛市走势中，那些真正购买到联合铜业公司的股票的人，开始利用轰轰烈烈的牛市将股票抛售给原来的承销商。当时的某些“宫廷活动公报”肆无忌惮地谈论“内部购买”行为，这一次它们终于对了。但是内部人员购进股票并不是因为他们愿意这样做，从股票的下跌走势来看，他们“囤积股票”的行为实在是迫不得已而为之。当初孕育这家公司的标准石油集团虽然对公开和内部两方面的信息都了如指掌，但是却仍然采用了一套比较原始的笨办法。下面我们简单概括一下这段时期之内联合铜业公司股票价格以及发行销量情况。

1900 年 12 月 2 日的开盘价是 ……………………………………… 96 美元

12 月 3 日到 12 月 13 日的销量是 ……………………………… 160 000 股

这个期间的价格波动是 …………………………………… 96 ~ 90.25 美元

1900 年 12 月 14 日到 1901 年 1 月 11 日的销量是 ……… 195 000 股

这个期间的价格波动是 ………………………………… 89.75 ~ 96 美元

虽然推销商想尽了各种促销的办法，经过了各种努力，但是 1901 年 1 月 11 日的收盘价仍然只有 91.125 美元。

基恩闪亮登场

现在是基恩闪亮登场的时候了。基恩非常聪明，他很快发现，要想把价格抬高到能吸引公众投机客的水平，首先必须要做的就是打破当前沉闷的价格走势。此后的相关数据如下。

1901 年 1 月 12 日的开盘价是 ……………………………………… 91 美元

1 月 12 日到 1 月 19 日的销量是 ………………………………… 70 000 股

这个期间的价格波动是 ……………………………… 90.25 ~ 92.25 美元

1 月 19 日的收盘价是 ………………………………………… 90.50 美元

1 月 20 日到 1 月 26 日的销量是 ………………………………… 88 000 股

这个期间的价格波动是 ………………………………… 83.75 ~ 92 美元

1 月 26 日的收盘价是 ……………………………………………… 89 美元

以上数据中最后一个日期1月26日的收盘价格，最能反映出基恩本人的操控能力。和那些自以为是的“内部人士”在12月份仓促确定的96美元的价格相比，基恩给出的价格要现实得多。我们注意到他的操控行为是很有特点的。在1月份的第三个星期里，联合铜业公司股票每天的交易量是2万~3万股，到了1月20日股价就猛跌到每股86美元，第二天在83.75~88.25美元之间波动。第三天价格最终定格在88.25美元。这一时期市场上流言蜚语满天飞，单从新闻的角度来看，这些流言不足挂齿，但是价格的大幅波动确实吸引了市场中投机客贪婪的目光。人们会这样考虑问题，既然基恩还在市场中，那么他肯定会极力扭转股票的低迷态势。现在我可以有把握地说，一开始基恩一直高调地参加操控市场的行为，其目的正是为了给人们留下这样一种印象。很显然，他做到了。

牛市运动能造就什么

当然，麦金利时代的经济繁荣也在更广泛的市场上逐渐形成。股票市场正处于蒸蒸日上的牛市时期，即使在北太平洋铁路公司股票抛售事件，以及同年发生的五月恐慌事件的双重打击之下，市场仍然昂首阔步一路往北。基恩此时做出了自己最明智的选择，他让市场相信他正在做空“标准石油股票”。后来他承认，自己已经完全抛空了罗杰斯要求他承销的股票，是在价格上涨到128美元/股之前不久，以90~96美元的价格售出的。那次上涨发生在4月中旬，但是股票在3月初的价格就已经高出票面价值很多了。1905年的时候我曾经发表文章，猜测基恩的意图是说，2200万美元的股票并不是给罗杰斯打包票，一定要以一个平均价格卖出，而可能是在一系列的大宗交易中以90~96美元的价格卖出的。当然，这之中要剔除必要的操控股票的成本。其中有的成交价格远高于此，毫无疑问的是，还有些股票是以低于成本的84美元的价格售出的。

基恩的第二次突袭

基恩是一个懂得顺应市场潮流的人，他才不会干按照自己意愿打压市场的蠢事。所以他才在一段时间内，让股票依靠自身的力量随波逐流，只是偶尔刺激一下平淡的市场交投，用以激发人们对牛市的热情。此时的交易量比往常小一些，开始操作之后的一周内，最大的价格波动也没有超过 5 美元。但是我们应该已经注意到，基恩第二次亮相时，股票的价格已经普遍比较高了。

1 月 26 日到 2 月 23 日的销量是 ……………………………… 110 000 股

这个期间的价格被动是 ……………………………… 87.75 ~92.375 美元

在这平静的一个月里，他或许真的卖出过股票，但是可以肯定的是，他肯定没有在市场中推波助澜、兴风作浪。因为经他手发行的股票数量惊人，所以我们很难估计他到底买卖了多少股票，但是至少不会低于他承销股票数量的三倍。这是一个基准数，业内人士都懂。基恩在准备操控之前，聘任的经纪人有买方和卖方两种，但是他们都是分开接受指令的，谁也不知道做空和做多的单子是否平衡。这种行为无论在当初还是现在看来，都是违反股票交易规则的，但是毕竟时间过去了这么久，我们就姑且认为当初他没有这样做吧。不过可以肯定的是，随着股票市场的发展，这种不规范的操控行为或许会逐步减少。如果公众都看透了这种手法，那么操控行为肯定会完全消失。

基恩的最后亮相

基恩的最后一次派发活动适逢股票市场的第三种运动，即日常波动之中：

2 月 28 日的开盘价是……………………………………………… 92.375 美元

2 月 28 日到 4 月 3 日的销量是 ……………………………… 780 000 股

这个期间的价格波动是 …………………………………… 92～103.75 美元

4 月 3 日的收盘价是……………………………………………… 100.375 美元

很有可能基恩自己的 22 万股股票正是在这一时期抛出的。而且他也对我坦承确实如此，可是我给出的推理依据却并未令他满意。

在这段时间内，联合铜业公司的利润增长率一直维持在 8% 左右，这可是一件不太靠谱的事，要知道 8% 可算是高速增长的态势了。不仅如此，公司当年还宣布它的季度红利是 1.5%，另外附加 0.5% 的额外红利。关键是它的董事会还天真地认为，他们能够完全控制铜的世界市场价格，一直到永远。这种盲目自大的而且极其荒唐的想法，最终让无辜的投资公众付出了代价。伦敦金属交易市场，无论是过去还是现在都是世界铜业交易的自由市场，不以任何单个的个人或集体的利益为转移。然而在基恩操控活动期间，市场上不胫而走的谣言，确实令公众相信了联合铜业公司能够有效地阻止伦敦金属市场的铜价下跌。虽然不幸的是，事实并非如此。但是在那个奇怪荒诞的年代，这样的谣言却可以和其他任何谣言一样，堂而皇之地登堂入室，拥有很大、很广泛的市场。几年之后，铜业大王奥古斯都·海因茨（Augustus Heinze）与联合铜业公司的股东们最终达成协议，然而协议本身却被随后产生的诸多谣言淹没，而且协议本身最后只不过沦落为哄抬股价争论的论据之一而已。

公众自己的繁荣

作为市场操控行为的纯粹结果，1901 年 4 月份前两周市场的表现，令基恩自己都感到吃惊——他能“制造”出这样活跃的市场。此时市场每天的交易量至少比当年 2 月份或者 3 月份翻了一番，其中有一天甚至达到了 24 万股，而且还连续好几日保持大体相当的水平。这完全可以和基恩操控行为的历史最高纪录——3 月 6 日一天卖出 7.7 万股，整体波动不过 3 个点——相媲美。前文曾说过，显而易见，成交股票数量至少是卖出股票数量的 3 倍，基恩才能完成出货。

至此，阻止该股上涨的所有障碍都被清除，它必将一马平川地到达最高峰。

4 月 4 日到 4 月 16 日的销量是 ································ 1 275 000 股

价格的涨幅是 ························ 由 101.125 美元涨到 128.375 美元

罗杰斯用于募集资金的股票最终完全融入市场，被牛市中狂热的公众贪婪地吞噬掉了。

操控者自己的金字招牌

当年所谓的“内部人士”，实属万般无奈才请来的基恩，现在却被当做金字招牌供奉起来。这件事本身就是对人性可悲的一面进行的有力控诉。据记载说，亨利 · H. 罗杰斯曾经给基恩转述了“能够从某个内部人士的朋友那里打听到一点消息的人”的原话，内容是：“某只公司的股票即将上涨，而且他的不少朋友也写信跟他说起打算购买该股票的事，他建议基恩也加入这一行列。”对于基恩这样的老鸟来说，罗杰斯的伎俩可谓拙劣之极，其结果当然是徒劳无益的。但是这样的“内部消息”也并非全无市场，因为就在基恩后来替罗杰斯完成操控联合铜业公司股票的发行活动之后，这只股票也的的确确上涨了 20 点。这也算罗杰斯和基恩之间的江湖恩怨吧。

当然，还有一件小事值得引起我们注意，它也颇具研究意义，尽管现在已经不大可能会发生了。在后来的交易中，那些被称作“基恩的经纪人”的人开始自吹自擂起来，他们并不像真正的基恩在做交易时那么低调，往往喜欢招摇过市，仿佛“基恩的经纪人”就是他们的金字招牌。从当时盛行的谣言来看，基恩先生的大名其实是在他安安静静完成操控行为以后才为人所知的。相信此后发生的事会更加有趣，只是我们没有相关证据证实罢了。

标准石油集团和自命不凡的头脑

标准石油集团现在已经不复存在了。但是那些从这家集团走出的百万富翁们才刚刚起步，登上历史的舞台。他们坚信自己战无不胜、所向披靡，直到联合铜业公司事件发生之前。无论是当时还是后来，他们都犯过很多错误，不过随着时间的推移，他们最终领悟到真相，退出了股票市场，因为这里不是他们擅长的领域。由于之前他们在石油领域，尤其是标准石油的表现异常出色，以至于其他方面即使出现巨大的亏损，也并不能令他们一蹶不振。也许某一天会有某一个人不怀好意地向你说起年轻的约翰·D. 洛克菲勒（John D. Rockefeller）先生的逸闻趣事。其中就有他投资做“小皮货”生意的冒险故事，最后赔了一干二净。当然，不是每个富裕家庭的父亲都肯花如此昂贵的代价来教育孩子。可是我们也有理由相信，昂贵的“社会大学”的学费买来的经验对他的影响是深远的，并会被永远铭刻在心。

我曾在前面的章节中提到过，亨利·H. 罗杰斯所犯的错误是多么严重，以及他是如何置所有诘难他不懂股市的观点于不顾，多么地坚信自己的信念。当然，在最后的紧要关头，他胜利了。他在1908年去世后留下了超过5000万美元的资产。如果他能再活两年的话，他的资产总额可能会超过两倍于此。他的有些工作非常出色，几乎可以称为不朽的业绩。弗吉尼亚铁路刚建好的时候，是全美国史无前例的最优秀的铁路。然而就是这段铁路几乎伤透了它的教父的心，尽管这条铁路的金融后盾和他个人的财富都很雄厚，但他还是不得不在1907年经济危机时期以7%的高利率加上个人担保，为自己心爱的铁路借贷。即便如此，罗杰斯还是错误地领会了股票市场的真正意图。但是无论如何，用最直白的话讲，在那个人人自危的经济危机时期，无论付出什么代价，只要能借到钱就算是非常幸运了。因为这一时期贷款方可以向借贷方提出几乎任何要求。

从此事中汲取教训

在对这些臭名昭著的操控行为的论述中，我们仔细研究会发现，此事件能够引申出关于我们的股市晴雨表的功能和本质的一些重要结论。要知道当时联合铜业公司的股票交易场所，是在股票交易所的非上市证券部，这个部门现在已经取消了。正如《波士顿新闻通讯》当时报道的那样，联合铜业的这次集资，无论从哪个层面来讲，都是盲目地组合企业，企图做强做大的案例。如果放在当下的交易所新规里，这种行为根本就行不通。我也相信，就算是现在的场外股票交易所里，也不可能发生这样的事。因为现在的上市公司信息披露制度太完善了，与 20 年前相比，简直是天壤之别。联合铜业公司这样的做法，肯定在不到一周之内就会受到银行界积极而有效的联合抵制。在今天这样的制度下，当年发起标准石油集团的那些金融财团，不可能获得像过去那样不受道德约束的权力。但是如果要想真的防止这种行为的发生，还必须依靠公众认识的极大提高才行。当今的金融体系比之过去，不知道好了多少倍，而且治疗金融腐败的药方就是信息公开披露制度，因为再没有比将一切置于阳光之下更好的方法了。如今的人们，再也不会被 20 年前那种神秘兮兮的小道消息所蒙蔽了，“内部人士”不败的谣言也被无情地戳穿。随着时间的流逝，人们对以道氏理论的三种基本运动为基础的股市晴雨表所逐渐表现出来的更强大的可靠性越来越信任了。当然，让它现在就完全脱离操控行为的干扰还为时尚早。关于这一问题，我还想多说几句。

炮制不良报道的手段

一旦股票市场发生操控事件，新闻报道一定会花二十倍的篇幅报道。不称职的记者一般都是这样来观察股市运动的，因为这不用花费心思去理解它。还有一个原因是，在华尔街这种地方，新闻收集有时候是一件非常困难的事，但是也绝非不可能完成的任务。华尔街比其他任何地方都需要记者们拥有更高的职业素养，更强的才智和能力，还必须要依靠坚持不懈的努力工作才能有好的新闻报道呈现给读者。具备勤奋这一特征的新闻人在商业新闻界并不多见，而且这些记者们惯用他们老板们都看不懂，或者不能正确理解的专业词汇来蒙混过关。除了像道琼斯公司这样有责任感的新闻媒体，它总是把收集到的新闻进行整合分析之后再进行出售，这是它的生存之道。而现在，虽然情况正在得到逐步的改善，但是大多数财经报道还是几乎变成了一种马虎敷衍的例行公事。

凡事皆有因，万物皆新闻

成为一名财经报道的记者，这件事我非常感兴趣。因为我在华尔街最初的工作就是为道琼斯公司撰写股评，当时的目的也是为了尽我所能找到市场中个股的波动，和整体波动的原因，哪怕能找到一个不靠谱的原因也成。这个原因太普通了也不好，不会通过编辑的审核。收集新闻可不是一件容易的事，搞不好还没超过半小时，你辛辛苦苦搞到的新闻就变成旧闻了。我有很多这样的故事可以讲，其中的酸甜苦辣如人饮水，冷暖自知。当然，对于那些与市场利益息息相关的活跃的经纪人公司和银行，这些新闻具有非常高的价值，因为他们的客户对这种新闻孜孜以求，不管实际上到底需不需要。年轻的时候少不了轻狂，即使在 20 年后的今天，我仍因自己当初所给出的一些解释——尤其是无中生有、牵强附会的解释——而羞愧不已。但是值得欣慰的一点是，我至少完成了新闻收集的工作，而不是和其他人一样只凭想象和猜测。也正是因为这一点，所以当我结束这个令我精神紧张的工作，转而成为《华尔街日报》的编辑的时候，华尔街的经纪人公司纷纷表示扼腕痛惜。这令我欣喜异常，人生最大的幸福也莫过于此。新闻记者得到的奖励和拉磨的驴子差不多，“多拉磨少加料”是他们的人生写照。因此他拥有“世界上最有趣的工作”，从工作中寻找乐趣，成了这项工作能得到的最好的奖赏。只要记者们愿意这么想。

同理，我们可以得出为什么操控行为在公众意识中被如此荒诞地夸大的主要原因。股票市场中的每一次运动都有一个合理的解释，为了得到这个正确解，你必须绞尽脑汁、竭尽所能地去研究，还要仔细认真地分辨与市场运动相关的人员有选择性的表达。这些人中有那些发出交易指令的人，也包括执行指令的场内交易员。其实，研究工作还可以更进一步，找到股票买卖交易指令的来源，买进或者卖出的理由，以及对特定的股票做具体的分析。这样一来，新闻就言之有物了。

保护公众的诚实报道

华尔街流传的格言太多，它们有一个共性，即多少都带有一点“迷幻药”性质。“牛市无新闻”就是其中之一。[①] 除非你用太多的特例去证明一个公理，否则这个表述不正确。牛市中不但有新闻，而且还不少。事实上，在任何市场中，只要你用心挖据，总会有新闻。但是如果记者沉不下来，满足于例行公事地为晚报写市场述评，或者满足于到被新闻

① 一解是牛市中公众都癫狂了，没有人关心新闻；另一解是牛市的新闻已经尽在走势中展现。——译者注

报道“遗漏”的细枝末节中去炒冷饭，那么他就只能求助于“操控行为”“交易员在抛售”“标准石油集团正在买进”等类似这样的字眼来吸引眼球，虽然内容不实、逻辑混乱，但是仍有报纸将它当做新闻发表。华尔街是世界的金融新闻中心，我所经历的时代，新闻收集工作一直处于稳定的大踏步发展之中，而且这个领域一直都是不知疲倦、勇往直前。

专家解读

操控，还是操控。市场操控这一行为我们从前文章节已经得知，只能是顺势而为，绝对做不到一枝独秀。本章所讨论的更多的是操控行为本身在道德层面上的得失。“怀胎即有罪”就是最好的证明。实际上，从基恩对于联合铜业公司股票和美国钢铁公司股票的操控行为本身，所表现出的对大势精准的研判和高超的操控技巧来看，我们丝毫不怀疑基恩作为一名优秀操盘手的特质：能在纷繁复杂的行情走势中，掩盖自己真正的目的。而我们读者对内部人士操盘的盲目崇拜心理，在本章也可以稍做减弱。我们还读到了作者在分析两个非常具有代表性的大型蓝筹股的时候，所采取的角度和方法。这才是我们应该借鉴和学习的。

标准石油集团的事件说明，任何盲目自大和自命不凡的人，无论你如何强大，在市场中都如狂风骤雨中的一片树叶一样脆弱。我们唯一能做的就是敬畏市场。本章最后作者讲述了新闻炮制和出炉的一般思路，让我们学会做一个明辨是非、慎思明辨的人。

本章结论：操控行为要求执行者具有高度繁难的技巧和综合技能，绝不是随随便便就能完成的；内部人士和消息不可信；不懂得敬畏市场的人没有出路，在纷繁复杂的各路消息中，投资者要有明辨是非的能力。

第二十章

1910—1914 年，一些结论

我们关于股市晴雨表的讨论正在接近尾声之时，《巴伦周刊》发表了我汇集整理的一系列文章，这些文章引起了该周刊读者的极大兴趣，他们来信说这一系列文章很有启发性和趣味性，这对我来说是莫大的欣慰。因为当初在写这些文章之前，我并不知道从何讲起，也不清楚对道氏价格运动理论的述评到底有多少价值。然而读者的来信给我指明了前进的方向，是他们引导着我对那些狂妄的周期论者进行了分析，并对权威的历史资料进行考证。后者让我意识到，如果历史记录得到正确的编撰，它本来可以告诉我们更多。但是事实是我们对过去知之甚少，因为在过去，经济在一个国家乃至全世界的重要地位并没有得到认可。我们还对股市晴雨表的能力和局限性做出了公正客观的评价。最起码我们已经知道，它不仅仅是一种战胜市场投机的方法，但也不是人们心目中包治百病的灵丹妙药，无法确保你在股票交易中不受亏损。

投机行为的预测价值

投机行为并没有限制股市晴雨表的可用性，相反，它反而增加了股市晴雨表的应用范围，不再仅限于我们刚开始讨论的三种股票运动方式——基本上涨或下跌运动，次级折返下跌走势或反弹走势，以及永不停歇的日常波动，而且超出了我们的预期。至少迄今为止，我们已经为那些工作中必须预测整体经济走向的人，找到了真正有价值的东西。在哈佛大学经济研究委员会 1903—1904 年给出的经济走势图表中，投机线总是领先于商业线和银行线。这些图表的计算都是在事后完成的，而且即便是严格按照数据绘制的这样一个图，还必须遵循极其谨慎的原则进行大量的修改和调整。即便如此，这种图表也根本无法与股市晴雨表相提并论。股市晴雨表不光以每日记录股市变化的平均指数为参照，而且还有道氏理论的三种股市基本运动理论为基石。

适可而止的先知

通常而言，靠在股市上散布小道消息为生的人具备这样的特征：世道好的时候，他们人气爆棚、意气风发、活跃异常；世道差的时候，他们门可罗雀、情绪低落、郁郁寡欢。除非他非常耐心且具有幽默感，否则根本就没有市场。在 1910 年熊市到达最低点和第一次世界大战爆发期间，整个股票市场到处弥漫着交投清淡、门可罗雀的交易景象。此时他们中有一个人常常向我抱怨，在这样一个缺乏波动、无利可图的市场，他生计艰难，而且最重要的是，根本无法预测市场的运动。然而这种情况在我们的股市晴雨表却不会出现，无论在任何时期，它总是毫无保留而且从不失言。它可能是迄今为止唯一一个懂得适可而止的先知了。通过研究《华尔街日报》时不时报道出的那些股市的价格运动数据，我曾经提供了在 1909 年下半年就能预测到 1910 年熊市的相关证据。而市场也在 1910 年 6 月份就开始触底回升。

尽管起初的上涨表现得犹豫而缓慢，但是总的趋势仍然是上涨的。其间在 1911 年仲夏的时候出现了一次程度较为猛烈的次级折返下跌走势，但是这也没有影响到基本牛市运动的趋势，这次基本运动一直持续到 1912 年下半年才告结束。回顾这段历史，我们发现最有趣的情况是，在第一次世界大战开始前的四年里，即 1910—1914 年，市场中任何一种波动都幅度很小。而这之前，1909 年下半年到 1910 年年中的时候，熊市走势确实非常明显，幅度较大。即便是这样的下跌幅度，也比不上 1907 年经济危机时股市跌幅的一半。1910 年之后出现的牛市——这样称呼也许有点牵强，因为其整体波幅不大，和 1907 年下半年到 1909 年年底气势如虹的牛市比较起来，其涨幅不足后者的三分之一。整体而言，在这段具有启发意义的日子里，我们看到了一种整体衰退的基本运动。而同时期的经济记录也表明，商业贸易活动也呈现出相应的减缓趋势。这一时期的整体经济形势虽然称不上萧条，但是称之为不景气也并不为过。当然，尽管很缓慢，但是整个国民财富的增长却毋庸置疑。但是不管怎么说，这种增长并不明显，达不到激发任何大规模投机活动的程度。

预测趋势不分大小

在这里，我们又一次发现了股市晴雨表的另外一个可贵的功能。从这个意义上讲，股市的基本运动确实预测到了未来经济景气的程度甚至是时间长短，以及未来经济萧条的深度和广度。我们在本书的讨论中，涉及到 25 年大数据图表中某些特定年份的部分，已经旗帜鲜明地证明了这一点。任何人都可以通过前文中的比较分析得出这一结论。简而言之，从 1910 年开始，整体经济形势开始变得不乐观，这种死气沉沉的状态一直延续到战时繁荣期之前，而且这期间不值得，也吸引不了市场投机行为的参与。

不过这个 25 年的大数据图表存在一个错误的前提，即假定正常的经济活动总有一定的周期性。但是随后出现的一段时期似乎摆明了是和图表的编撰者作对，它明显不具备周期对称这一特征，因为这段时期内，作用力与反作用力并不相等，除非是指一个逐渐停摆的钟摆的作用力与反作用力。这段时期就是第一次世界大战开始前的 4 年间，我们可以合理地把它比作一种逐渐放缓的钟摆运动。当经济的钟摆正在逐步放缓的时候，对战争必需品的强大需求又给它重新上满发条。这种比喻虽然不一定准确，但是它的确能很形象地说明问题。只要我们不生搬硬套，这种形象的比喻还是很有用的。

但是如果我们放宽视野，客观公正地讲，从1909年股市的最高点算起，从更大的趋势上看，在随后的五年内都可以说是熊市，这一点我们可以界定。当年查尔斯·道在自己理论的形成初期，曾经鲁莽地假定基本运动持续的时间是五年，这或许可以成为该假设的貌似可信的例证。事实是，在这一时期，美国各种资源的开发速度过快，其中铁路尤甚，但是这一切在1907年经济危机之前都终结了。我们可以谨慎地作出推断，1907年的经济危机所带来的影响并没有被随后形成的股市反弹（例如1909年以后的股市反弹走势）所完全驱散。经济的重新恢复确实需要花费更长的时间。

周期理论的用武之地

尽管整体而言，周期理论显得过于笼统而不太适合分析按天交易的股市情况，然而在本例中，“经济危机周期”理论终于找到了用武之地，而且恰到好处。从历史的角度看这个案例非常有趣；而从实用主义的角度看，它教会我们很多真正有价值的东西。1873年的经济危机之后，股票市场出现了几次反弹走势，但是随后的经济形势还是处于整体萎缩阶段。当时的情况和今天完全不同，反而和我们即将讨论的那段时期有颇多相似之处。我们完全可以这样认为，这段经济萎缩时期一直延续到恢复法定货币支付制度的1879年之前才结束。至此整体经济形势开始好转，并且经历了1884年那次并不太严重的小型经济危机的考验。

同理，1893年的经济危机之后所形成的萧条时期，也远远超过股市下跌的时间。虽然期间也经历过多次一定程度的震荡，但这些波动只是在狭窄的区间里上上下下而已。如果要是画成图表，这种波动和1909年股市反弹结束后的情况有着惊人的相似。由此我们可以发现某种一致性，它至少表现出一些相似的规律，某种在更高层面上控制股票市场运动的规律，甚至是比依据道氏理论所预测出的基本运动更大级别的股市走势。这种规律就是周期性。无论如何，至少我们现在明白了，一旦股票市场的信心被完全击溃，就需要几年而不是几个月的时间才能恢复重建。

缩量及其含义

熊市的成交量总是小于牛市，这一点前文中我们已经提到。25 年大数据图表中记录了每个月的平均指数走势，该图表明，1911—1914 年间市场的投机活动十分罕见，交易成交量比麦金利再次当选总统的前四年略高。之后出现了战时繁荣时期，战争的到来让一切计算都颠覆重来，哈佛委员会的经济走势图表中，竟然没有包含这段时间，它们认为这段时间情况比较特殊，应该当做不可避免的自然灾害来对待，例如发生了大地震等。

战争结束以后和 1921 年 6－8 月被我们称作通货紧缩的熊市结束之后，股市的成交量也明显处于萎缩状态。对这段走势基本可以这样界定，即我们正在经历一次史上最缓慢、最不具投机价值的牛市运动。这一基本事实毋庸置疑。而且我也曾多次发表文章，不止一次地预测到它。这次弱牛市一直持续到 1922 年 4 月，此时工业平均指数已经上涨了 29 点，其上涨幅度大约是铁路平均指数上涨幅度的三分之二多一点，并且还伴随着典型的次级折返下跌走势。一般而言，如果基本运动比较强劲，那么次级折返走势也相应地比较猛烈。但是我们却发现，1922 年的牛市运动和次级折返下跌走势都不强烈。而现在我们才发现，这种走势正是完全不同于保守性的经济复苏的真正经济繁荣的前兆。

当前的股市晴雨表认为，肯定会出现某种程度的经济复苏，只是来得比较缓慢，而且要确立复苏走势也要比以往花费更多的时间。这样的晴雨表预测实际上是在说，这次上涨不会创新高，只是一次整体股价的温和上扬。这也是在说，美国工业大发展的时代仍未来临。

为铁路发展降温

如果读者在本书的第十八章曾经读到过，政府的严格管控导致铁路股票连续 16 年下跌，那么现在就不难理解为什么即使股市已经处于恢复上涨状态，而市场的表现仍然如此谨小慎微，因为在严格的政府管控下这是合情合理的。至少目前来说，在我们的股市晴雨表中，这 20 只活跃的铁路股票代表了二分之一的投机性交易的资料与记录；同时铁路行业是美国除了农业之外的最大资本集散地。鉴于以上两点，依照现在的形势来看，还没有迹象表明，令人烦恼的监管措施会不会继续对铁路行业的财富创造能力进行施压。

立法者的舆论宣传致使我们错误而愚蠢地以为，铁路公司股东能得到的最大收益率仅仅只有 6%，而要承担的损失则是收益减少甚至是公司破产。显而易见，在这种极端不平衡的投资活动中，运输业的发展永远也无法得到资本的支持。而我们也没有办法在为平均指数成分股中的一半建立严格苛刻的限制条件的同时，却希望另一半保持活跃的投机性而完好无损。如果我们现在身处 19 世纪 90 年代那个民粹主义盛行的时代，那么谁能预测政治会带给我们什么呢？我们现在正在致力于把资本配置赶出公众事业投资领域，谁又能保证，这种影响到资本盈利能力的政治干预不会波及到美国的大型工业企业呢？

工业政治

这并不是杞人忧天，政府干预真的已经开始向周边延展了。而且这样的干预对于公众来说，一点好处都没有。但是美国司法部对美国钢铁公司垄断经营的诉讼案（现在已经撤诉）表明，如果蛊惑人心的政客们将其惯用的危险理论强加给工业企业，将会造成什么样的严重后果。我们可以理直气壮地说，集中生产是现代化工业企业生产的大趋势。与其由20个或更多的独立公司松散地组成一个庞大而慈善的组织，不如让类似美国钢铁公司这样的大型企业统一管理，因为后者生产出来的产品肯定会便宜得多。但是如果一旦政客们“做大做强即成危险隐患”的政治信条被公众接受，其结果毫无疑问会像过去的四分之一世纪所表现的那样[①]，未来五年我们就会发现，美国的经济形势将会陷入十分危险的境地。

塔夫脱总统对政策的传承

1909年或1910年初，我曾经在白宫采访过塔夫脱总统。当时我向他指出，由于敌视铁路公司的势力得到了白宫的支持，一方面，这种思潮正在使铁路的发展陷入瘫痪；另一方面，政府的监管也严重阻碍了经济的发展。塔夫脱先生对我的观点表示谨慎的赞同，但是他强调说：“我们不能再指望过去那样的飞速增长的‘黄金十年’再度重现，因为那是倾其所能以达成投机行为的愿望为基础才换来的，现如今不可能这样做了。”他接着说自己倾向于认为，“管制大型企业所带来的弊端，是更好地保护公众利益所付出的必然代价。”究其核心，还是从罗斯福那里继承下来的“政策”。但是这显然不能满足1912年的美国进步党[②]的政治诉求。那次采访的时间并不长，就这样匆匆结束了。如果说以诚实著称的塔夫脱总统都持有这样的观点，那么我们还能对国家立法机构以及国家管理机构中那些狭隘的政客们抱有什么不切实际的幻想吗？他们对铁路

① 暗指罗斯福新政。——译者注

② Progressives，亦称“雄麋党”，1912年成立，系第三党运动组织。进步党成员为前总统西奥多·罗斯福领导的共和党人，那时罗斯福已和塔夫脱领导的政党决裂。——译者注

公司的仇恨由来已久，根本不会考虑公众为此付出的代价。

作茧自缚

如今我们作茧自缚的代价体现在哪里呢？难道政治干预能够改善铁路服务质量吗？而事实是，今天的列车餐车再也做不出哈维①在20年前艾奇逊补给站提供的食物了。今天，由麦卡杜先生所独创的“标准铁路套餐”对于吃过的人来说，简直就是一场噩梦；而且列车的服务水平也远不如以前。运行时间上也比以前更长了。以前宾夕法尼亚铁路公司（Pennsylvania）和纽约中央铁路公司（New York Central）都曾将纽约至芝加哥（Chicago）的列车运行时间缩短至16小时，可是现在又分别延长至20小时和22小时。如此的结果，难道是因为现在的列车车厢比过去坐着更舒服吗？铁路服务人员更礼貌、更尽职了吗？以前铁路公司可以因为某一员工不能保持车厢清洁而开除他，而不需要接受工会冗长乏味的质询，车厢的干净整洁也能因此而得到保障。然而如今我们已经通过立法和管制，将服务精神永远地逐出了铁路公司。所以如今的铁路公司已经不需要用心经营以提高竞争力、比别家公司更吸引人了。更离谱的是，国会规定铁路公司中超出6%利润的部分将收归国会所有，这样又有什么动机能促使资本青睐铁路公司，着力打造提升它的竞争力呢？这一规定完全限制了铁路公司盈利的增长能力。

① 佛莱德·哈维（Fred Harvey），是来自英国的美国移民，在19世纪末经营食品公司，在20世纪初开始多元化经营，成立The Fred Harvey Company，这家公司并在当时成为美国跨文化交流的主要媒介。1876年起The Fred Harvey Company曾沿着圣塔菲铁路火车沿线的车站开设餐馆和旅馆（Harvey House），全盛时期达84家，营运于美国西部，女服务生们被称为“The Harvey Girls”。——译者注

真实的心理写照

至此，我们虽然控诉了对铁路监管的种种不利，但是仍未偏离本书讨论的主题。我们正在寻找促使平均指数中最重要的走势——基本运动发生的原因。打压铁路公司必定会牵扯到其他行业的发展，因为根据铁路工商协会（Railway Business Association）列出的一份铁路用品制造商名单就可以知道，为铁路公司提供补给的生产商，占据了美国制造业相当大的部分，它们一旦出现风吹草动，甚至能撼动整体经济形势。如果有一个词能解释这种情况，那就是“心理现象”，虽然这个词多少会令人有点反感，因为它在刚刚过去的那个骗子横行的时代十分流行，并不断地被使用和滥用。但是事实的确如此——我们丧失了对自己的信心。我们对经济基本的供求法则横加干涉，导致其再也无法回到正常的轨迹上来。

一个国家如果连基本的经济自由都不具备，那么很难有真正的自由可言。举个例子来说明，宾夕法尼亚铁路公司的总裁瑞（Rea）在不久前曾问我：“你猜猜我每年要给华盛顿的各个部门，主要是州际贸易委员会提交多收份报告？”我知道他们公司的报告很多，于是在心底里把自己估算的 500 份文件扩大 20 倍问他：“每年提交 1 万份文件应该够了吧？”瑞苦笑了一下说：“仅为匹兹堡东部的一条铁路线，去年我们就提交了 114 000份文件！”这个数字着实把我吓到了。

改革还是革命

这还只是一家公司的一小部分！由此推算到全国所有的铁路公司，我们就会明白官僚主义的繁文缛节是如何残酷限制自由经济的伟大企业了。它不仅捆绑了企业的手脚，而且损害了它们的效率。感谢道斯将军

(General Dawes)，是他为华盛顿的商业立法注入了一点常识，但是这远远不够，只是接触到了表面部分。我们所需要的改革简直可以称为革命。因为我们正在看到，美国商业部和劳工部——只举两例——正在向全美国的企业提出要求，让它们上交更多的信息、数据和报告以浪费更多的时间。

前进中的阻力以及可能的后果

这是一个我们自己强加的阻力，是自愿戴着脚镣跳舞，我们只能怪自己。看看塔夫脱总统在 12 年前就职典礼上的讲话吧，谁能让辛巴达(Sinbad) 摆脱古老大海的负担？如果政客们继续像今天这样为企业设置障碍，我们怎么能期待经济繁荣的回归呢？怎么能期待铁路公司恢复过去发展的勃勃生机呢？我们都感受到了被这一阻力折磨的煎熬。它打击了内布拉斯加州的农民，他们正在打谷场焚烧谷物，因为农作物的价格比煤炭还便宜；它正在打击我们的对外贸易，让我们这个世界上煤炭储量最丰富的国家还要从英国进口煤炭，致使英国已经替代美国在第一次世界大战后树立的贸易霸主地位。而且国会对商业所表现出来的、日益增长的偏见令人担忧，不只是对铁路公司。仔细分析就能知道，国会的思想主旨是限制个人财富的积累。企业受到立法部门的攻击，并不是因为投机活动猖獗，而是因为某些人有可能在国家发展过程中变得富有。我感到困惑不解的是，难道大家都贫穷就不会导致国家的贫穷吗？难道我们还要重走第二个克利夫兰（Cleveland）政府的老路吗？重新回到那个充满民粹主义思潮的年代，一个经济萧条、人人信心尽失的年代吗？现在适逢牛市已经到达顶点，并且开始逐渐显露出熊市的迹象之际，我们到底该何去何从呢？

专家解读

本章讲述了一些琐碎的结论，诸如投机行为也有一定的预测功能；缩量有什么意义；什么情况下可以使用周期理论；政府决策对商业的影响力；以及改革还是革命。

作者首先提出对股市晴雨表的信任也应该有一定的限度，它也并不是包治百病的良药。在本章，具有创新意义的是对投机行为的新定义——能在某种程度上预测价值。换句话说就是，有价值的事物才值得投机。所以，有投机客参与的股票必定是有价值的。对于投资者而言，能够在投机客参与之前发现某只股票的价值，并提前布局，这就是成功的关键。

其次，周期理论应该在什么时间被运用，其实归根结底还看市场信心。由于人类行为的周期性，以及市场的操作行为的周期性，决定了周期理论仍具有一定的市场。对于我们一般读者而言，据此应该知道，无论牛市熊市，一旦开始，不会在短时间内消失，所以无谓地指望一直长期下跌的股票能带来利润，这多少显得不切实际。不敢追高的交易方法也要稍事改变，因为上涨一旦开始，不会轻易结束。

再次，作者研究缩量的经济含义，结论是缩量是市场对经济前景的不确定性的一种表述。

最后，作者再次提到政府干预。塔夫脱总统是标靶。无论如何，行政干预是任何国家的股市都无法回避的。如何能够在相对宽容的心态下看待这个问题，适应它并采取相应的对应措施，这才是我们应该考虑的。

本章结论：投机行为指向的是有价值的股票；周期理论在一定程度上可用；顺势而为在时间上的延展性，往往比你想象的要长。

第二十一章

一如既往：1922—1925 年

当本书内容第一次在《巴伦周刊》进行连载时，基本上是在 1921 年的下半年。并没有采用后来出版时的章节顺序。事实上，我在一开始研究道氏价格理论之时，并没有打算要出书。对于我这种积习难改的淡泊名利之人，我更愿意把出书看作是编辑部指派的工作，情非得已而完成。书中的文章也和同时代的财经述评有着共同的特点，具体体现在本书最重要的一章——第十五章（《"线型"区间和一个例子——1914 年》）中。然而，这篇文章在交给《巴伦周刊》的主编时，出于谨慎的考虑，插图中选择了另外一个完全不同的"线型"区间。

插图中的"线型"区间

研究平均指数的人都记得这条概括性的规律，即平均指数日线图一旦形成一个"线型"区间，这就意味着收集或者派发筹码行为正在进行之中。而且该"线型"区间形成之后，一旦价格运动向上突破区间上轨（饱和点）或者向下击穿区间下轨（稀缺点），就预示着重要的未来价格运动方向的确立。显而易见地，一旦价格向上突破许多天交易形成的、上下波动 3 个点左右的"线型"区间，这预示着市场上的浮筹已经接近枯竭，必须抬高买入价才能吸引新的卖家。相反，一旦价格向下击穿这一"线型"区间，则预示着满天的乌云已经达到饱和，并且即将变成大雨落下。随后市场会步入一段萧条期，直至价格跌至能吸引到新的买家为止。

当我把第十五章交给《巴伦周刊》的主编的时候，市场正值基本熊市运动的底部区域。我最初用于说明问题的“线型”区间当时还正在形成之中，虽然我个人觉得可以让道氏理论接受更为严苛的考验，但是编辑们却认为这个想法太过大胆而拒绝使用。如果当时按照我的想法做了，那么结果是对道氏理论又一次伟大的证明。但是当时很明显，谨慎的意见占了上风，于是采用了一个战争爆发前——股市在1914年5、6、7三个月的所作所为，或者更恰当一点说是无无所作为——所形成的“线型”区间。这个选择当然也没问题，无论从历史的角度，还是从后来本书出版后的权威性来看都是正确的。令我欣慰的是，本书后来的出版也得到了应有的承认，最终的发行量也比出版商开始预期的要多出好几倍。

本书将道氏理论运用到实际市场中，在为《巴伦周刊》提供系列文章之际，对即将到来的牛市做出了最肯定的预测，这一事实已经为广大读者所熟知，完全没有必要大惊小怪。自从《股市晴雨表》一书第一次出版之后，三年之内发生了很多事，因此当本书再版的时候，我被多次问到书中的主题能否与时俱进地进行更新，道氏理论在这期间得到了怎样的认证，需不需要进行修订。这个话题不仅非常有趣，而且非常有意义。尽管我们运用道氏理论的方式自从1922年以来一直都是正确的，但是我还是认为很有必要从《华尔街日报》这一系列专栏文章中选取几例进一步说明它。与此同时，在论述中我也希望本人天生的幽默感能够避免我沾沾自喜地以预言家自居，以为自己神灵附体、无所不知。

一些成功的预测

自从《股市晴雨表》出版以来，股票市场经历了一个基本上涨（牛市）运动，在此期间，从1921年的8月24日到1923年的3月20日这段时间，工业平均指数的涨幅超过61点。铁路平均指数也从1921年6月20日的65.52点，上涨到1922年9月11日的93.99点，上涨了28.47

点。其中工业平均指数所到达的高点，仅比第二年三月份的最高点低 3 个点左右。《华尔街日报》和《巴伦周刊》对这次牛市都有着非常清醒的认识。前者在 1922 年 2 月 11 日写道：“目前市场的基本趋势是上涨。”这篇文章的最后一段值得研究，而且颇具研究价值。

因此，我们对于质询者的回答是，我们仍然处于牛市之中，而且牛市还会走得更远，很可能会持续到 1923 年，肯定会有一段时间遥遥领先于股市晴雨表所预测的整体经济形势的发展。

这是一段非常明确的表述，它不仅用道氏理论对市场走势做出了研判，而且还指出股市晴雨表上涨之后，整体经济形势会随之得到改善。当 20 种工业股票上涨了 26 点之后，也就是随之而来的 6 月份，它继续写道：“没有理由认为，目前的牛市将会在几个月内结束。”

事后我们知道这次牛市运动一直持续到 1923 年 3 月才结束。虽然 1922 年 5 月 8 日市场上出现了一个线型区间引起了我们的注意，但是我们并没有据此做出熊市推断。1922 年 5 月 22 日，牛市重新抬头，人们才再次提出“牛市会持续到 1923 年”的论调。我记得自己 6 月 16 日在波士顿接受采访的时候，曾不断强调股市很有可能继续上涨的观点，而且要是能在上涨之前发生一次次级折返下跌走势就再好不过了。《华尔街日报》在 1922 年 7 月 8 日发表了《价格运动研究》的文章称，虽然有迹象表明铁路平均指数上涨的趋势似乎要经历一些考验，但“在这种情况下，我们仍可以认为工业平均指数依然显示出明显的牛市迹象”。

次级折返走势

我曾经在本书的其他地方说过，预测次级折返走势是一件碰运气的事，而且我也不提倡这样做。尽管《华尔街日报》和《巴伦周刊》1922 年 9 月份一开始就在寻找次级折返走势，但是一直到 9 月 19 日才确定下来。这只能被市场的嘲笑者们，尤其是失败者们称为一个不错的猜想，但是至少在9月30日这一猜想得到了证实。工业平均指数从牛市运动的高点下跌了6个点，而铁路平均指数也下跌了4个点。在1922年10月18日发表的《价格运动之研究》系列文章中称：

“经历了一轮典型的次级折返走势之后，今天，股票市场开始重拾起始于1921年8月的牛市的升势”。

如果一一列举这些类似的预测会令人生厌，我更愿意把它们称作是推测结论。在1922年11月3日我们又一次得出了牛市的结论。最迟到1923年1月16日，这个“漫长但绝不是史无前例的次级折返走势”仍是讨论话题，但是股市的走势仍是基本上涨趋势占支配地位。

转瞬即逝的熊市

为了简要地说明短暂的基本熊市运动，我们下面着手研究工业平均指数在1923年3月到达顶点以后的这段运动。《华尔街日报》4月4日在《价格运动之研究》的系列文章中，呼吁公众注意一个市场正在形成的、具有熊市特征的派发线型区间。但是总体而言，接下来的熊市并没有持续多久，而且我们还发现了一个值得注意的现象。虽然价格运动呈现出熊市特征，但是其下跌的过程比较缓慢，这极有可能是之前的牛市发展也是非常缓慢的原因。后来人们知道，这次下跌是熊市的开端，而不是牛市中的次级折返下跌走势。工业平均指数在1923年10月27日到达熊市最低点，一共下跌了20点。同一天的铁路平均指数总跌幅也超过了17点，但是它的最低点出现在1923年8月初。与其说是仅仅为了把这次存疑的走势记录为短暂的基本熊市运动，不如说它能为一个自1921年的转折点起一直发展至今的牛市，提供一个貌似合理的具体实例。因为此时正值《股市晴雨表》一书以系列文章的形式公开发表之际，而且公众普遍认为它对股市表现得过于乐观。

通过税收调节

毫无疑问，现在的股票市场多了一个全新的影响因素，而且从平均指数的走势中也得到了反映。整个夏天国会都在开会。当时曾经细致研究过政策的《华尔街日报》，考虑到了国会对市场经济干预的可能性，以及这一干预能对股票市场的走势造成什么样的影响，或者说政治干预能使股市晴雨表失效。1923 年 8 月 29 日，此时的个人收入所得税和超额累进所得税都处在历史高位，《华尔街日报》发表述评文章说：

“股市晴雨表在过去的几个月中，受到某种以前牛市中从未出现过的力量的影响而发生了偏差，这种力量毫无疑问就是累进所得税率过高。”

“经纪人都会告诉你，稳定分红的普通股有多么诱人，两大平均指数的 40 只股票中，有 30 只都属于此类。据此，尽管在 1921 年的秋季牛市开始的时候，这种因素就已经处于萌芽状态，但是现在我们称之为新的影响因素仍然是正确的。股市晴雨表的整个理论基础是基于这样一个假设，即股票市场上出现的压力，只能预测即将到来的普通的经济结算的兑现行为。然而在这里，平均指数有史以来第一次面对着一种与未来结算事件毫无关系的压力。”

“这就好比在晴雨表的水银柱下放了一块烧红的热炭或者一块冰。如果说对国会重新调整税收政策、使之回归正常的想法是痴心妄想的话，那么我们只能寄希望于当前情况的自我治愈，只不过时间之久早已超出了我们目前的计算能力。等到那一天真的来临，工业平均指数中的 20 种股票的每一只，都会和现在滨洲铁路公司的股票一样，被相当多的股东极为分散地持有着。分散到什么程度？具体来说就是每位股东持有大约 50 股股票。”

“很难想象某位富人会持有一种投资回报率只有 6% 的普通股票。这是因为他不仅要向税务征收部门上缴他收入所得一半以上的利润，而且还会因为持有该股票而增加上缴其他相关的税额。因此他在过去的几个月中肯定是坚定的卖出者。这就是所谓的‘内部人士’报复性地肆意抛售股票的行为。从某种程度上讲，这种抛售是深思熟虑后作出的决定，这种行为本身并不需要预测经济形势的基本走势。趋利避害是人之常情。国会所执行的这种荒唐的税收制度，不仅严重阻碍了美国经济的发展，而且还扭曲了美国的经济晴雨表。”

虽然国会目前正在逐渐消除这种税收政策的暂时性影响，但是各州的税收政策仍然具有不可忽视的影响作用。

全新的牛市

虽然我曾经亲眼目睹，市场中的骗子以及通报内部信息的贩子，依靠他们自己对平均指数一知半解的分析，打着道氏理论的旗号，在市场中大肆行骗，但我不能因此就违心地说自己没有写过《股市晴雨表》一书。1924 年 2 月 24 日，《华尔街日报》在大肆批驳了通报内部信息的贩子之后，在讨论价格运动的述评文章中写道：

“众所周知，分析平均指数方法的理论依据是道氏理论，股票市场在经历了史上最短的熊市运动——只有 8 个月——之后，重新回到了牛市之中。考虑到目前牛市运动处于较低的水平，这次牛市的起点可以追溯到 1923 年 11 月 1 日，但是牛市的真正确立标志，应该是 1923 年 12 月，工业和铁路平均指数都形成了一条史上最一致的收集筹码的线型区间之后。”

这里我们注意到，符合牛市形成的两大显著的特征都已经形成：第一，股票的交易价格严重低于其本身的价值；第二，股价并未反映出合理的经济高涨期来临的可能性。毫无疑问，股市晴雨表又一次是正确的。因为很快就开始了经济高涨期，只不过到年底的时候速度有所放缓。这一速度放缓也很好地和两大平均指数的走势相印证，因为它们也出现了相应的次级折返下跌走势。工业平均指数由 1924 年 8 月 20 日的 105.57 点，跌至 10 月 14 日的 99.18 点；铁路平均指数同时期的跌幅则超过 6 个点。两者都在 10 月 14 日达到了最低点。

从此以后，牛市开始全面展开，并在大选结束之后立即呈现出一片交投活跃、欣欣向荣的景象。当时许多通报内部信息的贩子却在这一关头，纷纷告诫人们要及时锁定利润，并开始做空市场，其理由是“所有的好消息都已经兑现”。正如柯立芝①以四十比一的绝对优势击败戴维斯一样，而之前人们普遍认为这一比例应该是十二比一，真正的“好消息”正是股市晴雨表早已预测到的经济高涨期的重新抬头。

市场内部监管条件的变化

在现在的牛市中逐渐形成了一种全新的监管条件。以下是我在其他场合对这一监管条件进行的讨论。

通过对股市晴雨表的研究，基于众所周知的道氏理论的市场三种运动理论，以及对工业平均指数和铁路平均指数运行的分别研究和相互比较，我们发现，股市晴雨表在预测大规模的牛市运动和持续时间时，总是表现出惊人的正确性。然而，现在的基本牛市却要遵循一种前所未有的监管政策，我们必须认真考虑这一因素可能会带来的对牛市的制约作用。

虽然自从取消了未上市证券部之后，在过去的许多年中，股票交易管理委员会一直在致力于加强自身对市场的监管力度，但是更严格的管控措施却是最近才发展起来的。直到去年或者近两年，管理委员会才知

① 约翰·卡尔文·柯立芝（John Calvin Coolidge，1872 年 7 月 4 日—1933 年 1 月 5 日），美国第 30 位总统，任期分别为 1923 年 8 月 3 日—1925 年 3 月 4 日，1925 年 3 月 4 日—1929 年 3 月 3 日。 ——译者注

会那些最大的经纪人公司，依据它们所拥有的资金量确定它们能被允许拥有的账户数量。而就在前不久，股票经纪人公司还在极力扩展自己合理的业务范围，它们相信依靠自己独具匠心的发展，一定能在大牛市中服务更多的客户。

然而令人遗憾的是，这种情况已经被一纸法令从根本上改变了。现在的许多经纪人公司都在法规所允许的最大限度内，为客户代理经营所有法律允许范围内的股票业务，这已经是公开的秘密了。它们所持有的头寸非常安全，只不过它们的经营策略明显发生了变化。在牛市中赚钱的方法是，当你确定上涨之后，就满仓买进，并且用你的利润不断加仓，抓住利润的大部分。在市场异常强劲时卖出，持仓比例要确保在不可避免的次级折返下跌走势中不至于爆仓。

然而这样的客户并不是经纪人公司喜欢的类型，因为这种操作方式将锁定很多资本，大部分资金并不是来来回回地交易，这样交易佣金往往几周才能收缴一次。经纪人希望客户每天都交易，这样每天都有佣金可拿。虽然这显然不会对客户有利，想想每天都要参与交易，日常波动毫无规律可言，依靠对它的判断来交易更像是赌博而不是投机。

监管部门对经纪人公司的这种新限制，带来的直接后果就是，小额数量的股票的购买普遍采用现金，有钱人则通过自己在纽约之外的全美各地的银行，为牛市开办多个账户。这使得牛市中账户的真实规模增加了一些不确定性，但是同时也为股市带来了某种程度的稳定性，因为由于每个账户的资金规模得到限制，导致在同一时刻大量抛售股票的可能性更小了。

如果按照这样的情形继续发展下去，其最终演变的结果就是，整个经纪人行业的业务最终将集中到少数几家大型公司手中去，这几家中的任意一家都会远远超出目前认为合理的水平。不管经纪人公司怎么变化，监管部门出台什么样的政策，有一点是确定无疑的，即新的限制不会改变分析股市晴雨表的原有方法。

晴雨表的预测

在本章即将结束之时，如果我不在这里讲一讲股市晴雨表在 1925 年 8 月份对未来的预测的话，人们一定会认为我胆小怕事，或者对股市晴雨表缺乏信心。目前的市场显然是牛市正在进行时，多头账户表现强劲，分布合理。据平均指数走势分析，没有任何表明牛市即将到达顶点的迹象。从 1923 年下半年结束的短暂的熊市开始算起，这次基本牛市运动的时间并不长，而且仍有许多股票的价格低于其本身的价值。尽管工业平均指数股票整体已经上涨了很多，但是如果我们能算出一条价值曲线的话，会发现工业平均指数股票依然在其价值曲线之下运行。

尽管大规模的次级折返下跌走势极有可能会随时出现，但是所有的迹象都表明，基本牛市上涨运动将继续进行到明年。

自从《股市晴雨表》一书出版以来，尚无任何东西能动摇我对这一能够按照常理解释股价运动工具的信任。当然，对于单个股票的分析来说，它毫无价值，除非这种股票属于那种仅在大盘上涨的时候才上涨的股票。那些被投机客选中的股票，走势可能会滞后于大盘运行，但是从来不会与大盘同步。我不鼓励人们在华尔街的股票市场中参与投机性交易，而且我也高兴地看到，美国的经济已经注意到股市晴雨表的指示作用。因为虽然股市晴雨表一直以来广受权威人士的慷慨批评，但是它却一直默默无闻地为美国整体经济的发展提供着极其有益的服务。

专家解读

这本书的读者最大的困惑就是，和欧美股市比较起来，我国的 A 股市场有一个明显的差异。一是它们是整体总趋势明显向上，我们是整体总趋势走平略向上；二是它们牛长熊短比较普遍，我们牛短熊长的走势随处可见。这个随便一个翻开历史走势的人都能看得出。为什么会有这样违背股市晴雨表理论的走势发生呢？本章中作者更多地从政治层面研讨了股市晴雨表的分析方法，甚至对政治层面所能采用的具体手段都进行了分析，实例具体鲜明而生动，因此读者不由得会浮想联翩，考虑到政治层面的问题。但是我认为究其根本，这还是和我国证券市场本身的不完善，以及投资者的投资水平参差不齐有较大关系。无论如何，对于所有外界因素对市场的影响，我们应该保持一个客观公正的态度，不偏不倚比较好。

本章结论：股市晴雨表的预测一贯正确。无论外在的干预如何，政治形势如何，它自有自己正确预测的方法。

第二十二章

对投机客的一些建议

多年以前，在美国南方某个州——当然没必要说得太具体——有一项法律，内容是禁止任何有赌注的、靠碰运气取胜的游戏。当然不必说这种愚蠢的法律条文的下场，一定是“违反它比遵守它更光荣”。然而有一个小镇的警长却决定严格遵照执行这一法律条文，并逮捕了一批在谷仓玩尤克纸牌游戏①的年轻人。这些年轻人的律师称自己“可怜的委托人”当时确实在玩尤克纸牌游戏，虽然有赌注，但是这个游戏并非是靠碰运气就能取胜的。由于那时法庭的审判手续并不繁杂，再加上法官大人和陪审团的绅士们平时也玩这个游戏，因此他们对这个表述感到怀疑，认为律师的辩护不合时宜，且有失体面。然而毫不气馁的辩护律师接着说：“如果法官大人允许我向陪审团演示一下这个游戏，我相信我能说服他们尤克纸牌并不是靠碰运气取胜的游戏。”

并非靠碰运气取胜的游戏

这个建议听起来非常公平，于是陪审团的绅士们和律师坐在了一起。没过多久，陪审团的许多成员开始向他们的朋友借零钱。“演示”进行了一个小时左右，当陪审团的绅士们回到法庭上时，他们一致认定，尤克纸牌游戏并非是靠碰运气取胜的游戏。

---

① 一种由二、三或四人玩的纸牌游戏，通常用一副牌中 24 或 23 张大牌，以定王牌的一方在 5 墩中获得 3 墩以上为胜。——译者注

如果我不对投机行为说点什么，并且向投机客提出一些具有实用价值的建议的话，那将会显得本书的结论不太完善。投机行为本身必然要包含很多运气的成分，很多时候往往不是别人，而是投机客本人，经常把投机行为变成单纯的赌博。我不知道故事中的律师是如何让陪审团相信尤克纸牌游戏中存在确定性的，但是如果业余爱好者带着他们固有的愚蠢，执意到华尔街进行"投机活动"的话，那么那些专业人士一定会向他证明，股票市场的投机行为并不是靠碰运气取胜的游戏，而且他们根本不需要出老千就能证明这一点。

股市晴雨表真正提供的保护作用

我们不厌其烦地强调，关于股票市场运动的道氏理论并不是战胜市场的"法宝"——一种快速致富的方法，一种能把华尔街特区变成容易发家致富[①]的地方，在这里，不是任何人都可以用区区几美元赢得真金白银，赚得盆满钵满。今天，聪明的投机客（多数人都会变成明天聪明的投资者）如果不能通过股市晴雨表找到保护自己的方法，那么本书那么多章节的讨论，以及对投机行为的阐述就是失败的。如果他已经正确地理解了股市基本运动的含义，那么他肯定也已经赚到了可观的收益。如果他进入华尔街只是因为从某个信得过的人那里，听到一些以前从未听闻的某只股票的内部信息，而不是去认真分析市场基本运动的方向是上涨还是下跌，那么他极有可能会损失掉保证金账户里所有的钱，因为这并不是一场公平的"竞争"。但是，如果他已经懂得了市场运动的含义，并且能够珍惜牛市中典型的次级折返下跌走势所带来的不景气交易中的机会的话，那么他就会很有可能在华尔街赚到钱。这种利润是经过深思

① 原文为 Tom Tiddler's Ground，译作《汤姆·梯特勒的土地》，是一部著作的名字，后用来比喻能快速发家致富的地方。——译者注

熟虑之后得来的，很明显，那些来到华尔街并输了钱的人是不会进行这样的思考的，他们宁愿把自己的余生花在诅咒华尔街是赌博之地上。

投机和赌博

对于上面这些人来说，任何股票都是一样——但实际上它们并不一样。就保护投机交易行为本身而言，不同股票的交易环境区别较大。例如美国钢铁公司普通股，它是在已经制度完善的市场上交易，而且该股票被许多人分散地持有，筹码分布比较合理。但是最近出现的在场外交易（Curb）的汽车或者石油股票则完全不同，它们的交易相对不那么公开，筹码分布也不合理。当然，后者股票的质地或许很不错，但是毕竟没有经过市场的公开检验。这种检验不仅包括新公司所从事的业务，还包括股票在市场中的表现。

场外交易的股票有一个规则，当买家买入场外交易的股票时，应立即对上述的两个方面进行检验。因为此时的保证金交易很大程度上带有赌博的性质。很显然，场外交易是由那些一心想卖出股票的人来操控的，业余交易者用保证金账户买入一个连二手信息都无法获取的股票，这无疑是最纯粹的赌博行为。决定对场外股票进行投资的人，和赛马场赌赛马的人一样，都对自己投资的对象一无所知、全凭感觉。这样的投资者应该和赌马的人一样来衡量自己的风险，把投资金额限定在自己可以承担的水平上。

投机则是另外一回事，而且如果有可能的话，我希望美国人民的投机本能永远也不要消失。如果真有那么一天，政府禁止人们从事一切可能带来全部或部分财产损失，或者碰运气的事，其结果可能会造就很多“好公民”，但是其美德却恰好相反。如果你走进华尔街，在百老汇大街上稍事停留，透过三一教堂的围栏，你会发现那里（教堂的墓地）挤满了美国的“好公民”。当投机行为不复存在之时，也就是一个国家的消亡之日。

如何挑选股票

让我们假设，业余爱好者已经认识到股市基本运动的特征，以及股市运动的趋势，那么他下一步要做的事就是挑选股票。此时业余爱好者会再一次分化，那些想快速发家致富的人，仍然不会花心思去了解自己打算用不多的资本去冒险买入的股票的具体情况。

市场中有一个被广为接受的规则是这样说的，如果一只股票还没有形成自己成熟稳定的市场，比如说这是一只新发行股票，或者说大部分股份掌握在公司的决策者手中，那么小的投机客不要在这样的股票上用保证金进行交易。显然这是一条接近完美的规则，但是就算不能真正做到，小散户在市场中进行投机时，也至少应该记住，不要在这样的股票上下太大的赌注，而且在股市中一定要量力而行。

当一种股票被列在证券交易所的名单上之后，尽管也存在股票持有人持危险过高的问题，但是基本上我们还是可以认为它已经拥有了一个可靠的市场。例如前文中我们曾经提到过的斯图茨汽车（Stutz Motor）股票就是这样，少数几个大股东持有了太多的股票。对于这类股票我们最好不要去碰。除非投机客所从事的工作的性质，让他得到了关于这种股票的一些特别信息。而且，即便如此，我们也要把自己的保证金维持在能承担的范围之内。

保证金轶事

从上面阐述的原则会引发出一个我们必须面对的保证金问题。在华尔街，很多原本可以避免的损失，几乎都是出于对保证金的误解而造成的。其中最关键的问题是：到底多少才是充足的保证金？股票经纪人总是千方百计来拉生意，他们告诉初学者，如果他能保证在上市公司股票价格波动时有足够的资金随时可以调用，那么10%的保证金已经足够了。这就意味着，如果股票票面价值每股100元，1000元保证金就最大可以买进100股这样的股票。当然这个保证金数量显然不够，或者勉强够用。因为早在21年前，查尔斯·道就已经指出："如果一个人以10%的保证金买入100股股票，那么当股票价格下跌2%时，包括佣金在内，他就损失了总资产的四分之一。"① 很明显，用不了多久这个人就会被市场扫地出门。虽然道是个很谨慎的人，但是他讲出下面这些话也并不离谱。如果当初这个人全额买进10股，而且他能确定该股票是以低于其价值的价格在进行交易，这样虽然也会遭受实质上的损失，但是与一次购买100股比较起来，他还是会有很大可能会最终获利的。很显然，如果不是有保证金交易制度，仅有1000美元资本的交易者是不会购买到100股股票的，除非它的价格非常低，美国钢铁公司普通股价格曾经一度低于10美元每股，但是这种情况非常罕见。

大交易者和小交易者的区别

小交易者的一个误区是，使用所谓的逐步加仓买入法，先把自己的钱平均分成若干等分，然后每次只买一部分自己想买进的股票，当该股每下跌一点就加仓一部分，直至所有的仓位都加完为止。但是我的问题是，为什么不在最后一个价格一次性全部买进呢？我们假设他打算分5次，每次购买20股，一共购买100股股票。预期是股市将下跌5点，每跌一点买进一次。那么除了最后一次买进，前四次买进的决策都不像他自认为的那么明智。然而，像杰伊·古尔德这样的大交易者，正是这样

① 1000美元买入10 000美元的股票，股票价格下跌2%，也就是200美元，相当于1000美元总资产的五分之一，加上佣金就是四分之一。——译者注

买入股票的。与小交易者不同的是，首先，他们并不用保证金账户进行交易，除非他们的资金是通过自己存款的银行筹措而来的。其次，他们的每一次买入都是经过深思熟虑的，这一点和那些只想在华尔街检验自己的判断能力的小投机客们不可同日而语。后者总是匆忙之间就下注。最后，类似杰伊·古尔德这样的大交易者买入股票这件事本身，就能增加他所买入的股票的价值，这一点是任何一个小交易者都无法企及的。由于有时大交易者在牛市中并不能买到所有自己想要的股票，因此一般情况下，他们都是在基本熊市运动期间就开始着手购入该公司的股票，最终可以通过持有一定数量的股票而加入公司的董事会。

小交易者们根本不可能具备这么长远的眼光，除非他们愿意把自己的全部精力都奉献给股票交易事业。当然，这样的人也有很多，前文中我们曾举过一些成功的例子。但是我们现在讨论的对象是，那些依据自己的判断力进行交易，而同时还对其他事情感兴趣的人。只要这类交易者具备正常的判断力的话，他们至少能在市场赢得输赢机会均等的赚钱机会。但是如果他们仅凭从朋友那听到一句“赶快买进 100 股 AOT 的股票，别问为什么”，就把自己的全部身价 1000 美元投入进去，那么他遭受亏损也就不足为奇了，这也没什么可抱怨的。因为这时他们是赌徒而不是交易者。倘若他们把这笔钱用于赌赛马，那么他们可能会得到更多的乐趣。他们还能一面呼吸着新鲜空气，一面欣赏着比股票报价器更吸引人的赛马场面。

对查尔斯·道原文的引用

1901 年 7 月 11 日，在《华尔街日报》当天的述评中，查尔斯·道写道：

“一个人无论资金量有多大，如果他期望得到的投资回报是每年 12%，而不是每周 50%，那么放到一个足够长的时间段来看，结果会好很多。'欲速则不达'，这是人尽皆知的道理。人们在处理自己的私人事务时也广泛遵循这一原则。但是奇怪的是，一个在经营商店、工厂或者房地产公司时，既小心翼翼又谨慎客观的人，反而会认为在处理股票交易事务时应该采用截然不同的方法。再没有比这更荒谬的事了。"

在同一篇文章中，查尔斯·道继续写道："交易者应该从开始交易起，就能做到把交易金额限制在与总资金相比合理的水平上，这样才能避免陷入财务的困境中。同时，这一水平能让他保持清醒的判断力，能让他在亏损出现后有足够的勇气止损，并重新振作起来，迅速转战到另一些股票上去。总体来说这能让他轻松自如，无所畏惧地采取行动，而不是由于对保证金知识的匮乏，总感觉账户安全系数太低，这种错误的认识除了发现被榨干后的焦虑感之外，什么也没有留下。"

无论是放在过去还是现在，这都是一段非常精辟的论述。进入华尔街的交易者们要上的第一课就是：必须要学会止损，而且是迅速止损。我以前曾经说过，在华尔街越是固执己见，就亏损得越多。假如你买入了一只股票，并且发现它在你买入后快速下跌，那么这至少说明你买入之前并没有思虑周全。只要承受着亏掉所有钱的恐惧感，你就无法公正地对股票进行判断。除非你清仓出局，否则你不会保持一个客观公正、清楚明白的态度。当你深陷一个亏损的交易之中时，你就像在丛林中迷路的人一样，只见树木不见森林。

远离不活跃的股票

读者一定还记得前文中那个拒绝成为杰伊·古尔德合伙人的年轻人的故事，因为当年他在场内执行交易指令时，发现杰伊·古尔德的指令单都是亏损的。他不知道的是，这些亏损的交易只不过是古尔德在试探市场的购买能力，而当古尔德确信他已经抓住市场的变化时机之时，他很有可能雇用了其他经纪人。这个例子也说明，购买只是偶尔活跃的股票有多危险。虽然不活跃股票的公司在申请银行贷款时不太受欢迎，但是今天的股票经纪人却能很好地兜售这些股票。

这些股票经纪人自己也不能确定，明天他们是否能依然顺利地兜售这些股票。因为促成该股票波动的特殊条件，只在仅有的几天活跃交易中才具备，而之后是连续数天加起来也不会成交一笔，此时卖家不得不做出让步来寻找新的买家——通常这些卖家都是专业人士，能掌控所有交易的人才能忍受这样的清淡交易。这种股票根本就不应该采用保证金交易制度。但是那些经营业务上多少和钢铁或者纺织品交易相关的人，可能会觉得持有美国钢铁公司、伯利恒钢铁公司（Bethlehem Steel）或美国羊绒公司（American Woolen）的股票非常有把握，因为对他们而言，这个市场即使不能永远保持活跃，也仍然是一个存在永久需求的市场。

谈谈联合证券交易所（Consolidated Exchange）

我在纽约证券交易所有很多朋友，而且在华尔街的其他地方也不孤单。只有少数几家股票经纪人公司专门为少于100股的交易提供场所——专门从事这一业务的公司不超过10家，其中的联合证券交易所就一直是小额交易的合法市场。不管从哪个角度来看，联合证券交易所都是一家声誉良好的交易机构，它对会员公开审核的方法，是交易者为自己选择经纪人时应该遵循并学习的榜样。只要选对了真正活跃的股票，我们业余的小交易者也可以在联合证券交易所取得出色的成绩。这主要是因为，这个交易所提供的股票都是“经过筛选的”，并且筹码分布合理。这一点和场外交易市场完全不同，这并不表明我对场外交易市场有意见，但是在场外交易的证券很少能得到银行贷款的青睐，这一点却是不争的事实。我现在对其中（从事场外交易服务）一家经纪人公司非常担忧，它宣称要为每位客户一视同仁地使用10%的保证金进行交易，对于一家场外股票交易市场的经纪人公司来说，这无疑是饮鸩止渴。

你一定要从你脑海里彻底摒弃这种错误的保证金概念。因为你本来可以形成更完美的保证金概念。如果你正在从事商业活动，或者你以及依靠你的人需要依赖投资获取的收入维持生计，那么你就应该把交易损失控制在一定程度上，该程度不会让你悔恨不已，这也就是古谚所说的“穿衣吃饭量家当”，这样讲或许有些偏激，但是其中不无道理。因为一旦你超出自己的承受能力去冒险，企图获取自己以前没能得到的东西时，你就是在赌博。

卖空掠影

那么股市晴雨表怎样为投机客提供帮助呢？具体体现在很多方面。其中最重要的一条是，投机客不能妄想一只股票能够违背市场的基本趋势而运行，除非遇到非常特殊的情况。那种能够抓住熊市中偶尔出现的反弹机会，并能够成功获利的人，一定是眼观六路耳听八方的能人，且是一个对市场分析极具天赋的人。我在本书中几乎从未提及卖空行为。一个敢于在牛市中卖空的人，只能靠猜测次级折返下跌走势赚钱，这种可能性微乎其微。除非他是场内交易员，或者他全身心投入到投机活动中去，否则他肯定会赔钱。我不想在这里讨论卖空的道德问题，因为我根本不相信卖空行为中存在道德问题。事实上我认为只要一个人没有堕落到拿别人的钱去赌博的程度，根本无所谓道德上的优劣。因为世界上的任何一个市场，都存在着大量的投机活动。一个去旧金山旅游的人，如果他把自己的股票锁在保险柜里，等他旅行归来再进行交易，那么他肯定会错过很多交易机会，他也不可能这样做。唯一正确的做法就是在旅行之前卖出股票，等旅行归来再重新买回。这一过程实际上就是卖空行为。对市场来说他是一个借用股票来卖出的人，之后他还要买回股票归还。但是我们根据平均指数的规律发现，牛市比熊市往往能赚到更多的钱，这或许是牛市往往比熊市持续时间长的缘故。因此，卖空活动最好由专业人士来完成，尤其是那些对市场有着透彻的研究，并且深谙游戏规则的人。

在次级折返下跌走势中买进

股市晴雨表并不可能让我们知道从熊市到牛市转折点的绝对准确的时间点位，这一点正如我们前文研究所发现的那样，每次一个基本趋势被确定，市场都会出现几周的小幅波动时间。很多时候，正是在这些无法确定的小幅波动中，经纪人佣金和银行利率一起吞噬掉了投机客的全部资金，他们根本等不到市场转折之日的到来。然而牛市一旦确立，追涨买进股票就是一个可行的投机策略。但是如果刚买完就发现市场出现了次级折返下跌走势，而该股也跟随市场同样展开调整，那么交易者正确的做法是，毫不犹豫地卖出股票，等待次级折返走势之后必然出现的交易清淡时期的来临。此时正是再次买入股票的良机。

正确的交易策略是随着市场的上扬而增加持有量，而不是我们前文中讨论过的下跌时等份买入策略。市场每上涨一次，投资者的保证金账户就安全一分。只要他建仓时分等份的“金字塔”不是建得太高，他持有的股票数量并没有庞大到成为别人攻击的目标的程度，并且他使用“止损单”来锁定利润，那么这个交易者应该能赚到令自己吃惊的财富。

我们听到很多在华尔街赔钱的故事，但是很少听到赚到很多钱的故事。在我的经验中，之所以如此，大约是因为后者往往比较低调，而且很少有人愿意将自己的财富归结为成功的投机。他们更愿意把这称为成功的投资。

事实上，只要买房者按时缴清欠款，那么抵押买房和保证金账户交易并无本质的区别。在这个伟大的令人振奋的时代，虽然每个人都很热心地关心着别人的事，但是我仍要说，只要交易者使用的是自己的资产——无论是已有资产还是在银行的贷款——拿来购买股票，那么无论他在市场中怎么操作，都与其他人无关。

赔钱的方法

还有一类非常常见的投机客，他们因忘记自己当初为什么来到这个市场而赔钱。我个人认识这样一个人，他曾问我对艾奇逊（Atchison）公司普通股的看法。我向他介绍了该公司以及铁路行业的前景，说该公司的利润足以支付它的分红，还向他介绍了公司所在那一地区的铁路的基本情况。他最终得出结论，认为这种股票很便宜——我只是拿来举个例子——并且买进了一些。如果他给经纪公司缴纳了足够的保证金，或者直接用全款买进，并且对该股随后的波动置之不理，那么他很可能会赚钱。

但是他总是喜欢听各种流言蜚语，尤其是类似“交易员抛售”“国会调查”“威胁罢工”“农作物歉收”之类的消息。他忘记了股票市场在对股票估值之时就已经完全考虑到了所有的这些因素。一次小波动令他紧张不安起来，于是他卖掉了股票并决定再也不咨询我的意见了。我也希望他能不再找我，但是不幸得很，他没有。他又一次找到我，想看看我能否推翻他“自己的判断”，当时他的判断仍是依据别人的观点所得出的。如此不可救药，赔钱也就在所难免了。

赔钱的另一种方法

当然，华尔街还有另外一种让你轻轻松松赔钱的方法。有人告诉你——这是一个正确的消息——“市场将会出现一次快速运动，某只股票将有 4 个点的波动”。你也自己看了，这只股票确实非常活跃，但是你没有注意到 4 个点中有 1.5 个点已经在现在的价格中事先表现出来了。经过了一番犹豫之后你还是买进了，而此时该股的这次波动已经接近尾声。你看到了一个点的小利润，随后这个股票开始下跌，因为这次快速运动已经结束了。当专业人士的眼光都已经开始注意其他股票的时候，你的股票却在随着市场运动陷入沉寂，如果考虑到利息的因素的话，此时你已经没有任何利润可言了。但是此时你仍会固执地持有这只股票，而没有意识到自己早已经错过了机会。如果你能够理性地看待这次事件，那么你将经历一次花钱不多，但是却很具有教育意义的一课。

问题再次回归到起点，你忘记了当初自己为什么买入这只股票。正如前文中那个依据股票价值进行投资的人一样。一般情况下正确的做法是，如果你期待的特定运动并没有出现，你应该接受亏损或者接受并不令人满意的利润，出局观望，等待下一次机会。而不是不停地改变自己买入股票时的初衷，以期得到完全相同的结果。但是实际生活中，我熟悉的大部分投机客都有一个毛病，他们不光记性不好，而且还缺乏耐心。他们总是浅尝辄止，草率地对待每一次投资。迟早有一天，他们会把自己所有的资金都压在一只股票上，眼睁睁看着市场大潮风起云涌，而自己投资的股票却如小船般早已搁浅。

最终的思考

至此已经到了我们为股市晴雨表下最终结论的时候了。本书中我并没有鼓励意志力薄弱的人参与赌博，也无意于加快蠢人赔钱的速度——让他们在一天之内赔光自己所有的积蓄。至少在是否参与交易方面，每个人都是自由的。尽管有各种限制个人行为的法律条文，但是人们仍拥有足够的自由。我们可以假设，如果用法律来禁止投机——当然，他们肯定能做到——那么这一条文将使美国的经济陷入瘫痪状态。但是没有哪一条法律可以迫使人们违心地在华尔街进行交易。我在本书中所论述的一切都是为了告诉人们如何保护自己，至少让人们感觉到，他们不仅享受到了公平地经营自己金钱的权利，而且最终还得到了奖赏。

专家解读

如果说这本书有什么特别的创新之处的话，对投机客的全新定义应该是汉密尔顿最大的贡献。他专门放了一个章节来对投机客提出建议，其实更多的是对投机客的一种关心和爱护。

首先，作者确定了投机客绝对不是靠运气赢得游戏。我们常常受到的教育是，十赌九诈，麻将和扑克牌游戏没有什么技巧，全凭运气。但是怎么解释有的人一上赌桌就赢多输少呢？这可见，即便是赌博也不是完全靠运气，更不用说投机了。

其次，作者又继续分析赌博和投机的不同。其实从作者的叙述中我们不难看出，那些出错输钱后就诅咒和埋怨他人的人，是完全不适合做投机交易的。人各有所长，如果读者判定自己的性格不适合投机，还是老老实实做一个投资者吧。

再次，挑选股票的最重要的原则就是，远离不活跃的股票。这里让我们困惑的一个问题就是，投资者就一定不会遵守这条原则吗？存疑。

最后，作者对赔钱的方法进行了汇总。如果你能从中看到自己的影子，建议多从自身找问题，少在外界找原因。诚如是，即便是这一点点进步，也能让你豁然开朗。

本章结论：投机是一个全新的职业，其所要求的素质，需要那些对市场心存敬畏的人经过刻苦的练习和大量的付出才能得到。

· 好书推荐 ·

基本信息

书名： 趋势投资——金融市场技术分析指南

作者： 丁圣元 著

定价： 118.00 元

书号： 978-7-115-54580-0

中国金融界的思想家和卓越实践者丁圣元先生

历时 10 年打造

30 年职业生涯的集大成之作

- 将日本蜡烛图技术和西方技术分析工具落地到每一天的交易当中。
- 3 阶段趋势走势模式分析。
- 5 大基础趋势分析工具系统讲解。
- 10 个买卖点形态交易指导。
- 332 张图形示例解读。
- 使您始终站在趋势一边，通过趋势演变来领会市场的本质，站在长期的视角来看待当下的变化，以行情的事实为依归，应对市场的不确定性，做出合理的交易决策。